大学英语课堂
有效性教学研究与应用

谢 莉　许 敏　吴立芳◎著

CET

辽宁人民出版社

图书在版编目（CIP）数据

大学英语课堂有效性教学研究与应用 / 谢莉，许敏，吴立芳著. — 沈阳：辽宁人民出版社，2024.9
ISBN 978-7-205-10864-9

Ⅰ. ①大… Ⅱ. ①谢… ②许… ③吴… Ⅲ. ①英语—课堂教学—教学研究—高等学校 Ⅳ. ① H319.3

中国国家版本馆 CIP 数据核字（2023）第 182853 号

出版发行：辽宁人民出版社
地址：沈阳市和平区十一纬路 25 号　邮编：110003
电话：024-23284321（邮　购）　024-23284324（发行部）
传真：024-23284191（发行部）　024-23284304（办公室）
http：//www.lnpph.com.cn
印　　刷：沈阳海世达印务有限公司
幅面尺寸：170mm × 240mm
印　　张：13.75
字　　数：210 千字
出版时间：2024 年 9 月第 1 版
印刷时间：2024 年 9 月第 1 次印刷
责任编辑：张天恒　王晓筱
装帧设计：识途文化
责任校对：吴艳杰
书　　号：ISBN 978-7-205-10864-9
定　　价：68.00 元

为了全面贯彻党的教育方针，进一步深化大学英语教学改革，提高教学质量，根据《国家中长期教育改革和发展规划纲要（2010—2020年）》和教育部《关于全面提高高等教育质量的若干意见》等文件的精神，在总结大学英语课程建设和教学改革经验的基础上，特编写本书。

当今世界，经济全球化和科技进步将不同国家与地区的人们紧密联系在一起。英语作为全球目前使用范围最广泛的语言，是国际交往和科技、文化交流的重要工具。通过学习和使用英语，我们可以直接了解国外前沿的科技进展、管理经验和思想理念，学习和了解世界优秀的文化与文明，同时也有助于增强国家语言能力，有效传播中华文化，促进与各国人民的广泛交往，提升国家软实力。

大学外语教育是我国高等教育的重要组成部分，对于促进大学生知识、能力和综合素质的协调发展具有重要意义。大学英语作为大学外语教育的最主要内容，是大多数非英语专业学生在本科教育阶段必修的公共基础课程，在人才培养方面具有不可替代的重要作用。

大学英语课程应根据本科专业类教学质量国家标准要求，参照有关规定进行合理定位，服务于学校的办学目标、院系人才的培养目标和学生个性化发展的需求。

大学英语课程是高等学校人文教育的一部分，兼有工具性和人文性双重性质。大学英语教学应以英语的实际使用为导向，以培养学生的英语应用能力为重点。英语应用能力是指用英语在学习、生活和未来工作中进行沟通与交流的能力。大学英语在注重发展学生通用语言能力的同时，应进一步增强其学术英语或职业英语交流能力和跨文化交际能力，以使学生在日常生活、专业学习和职业岗位等不同领域或语境中能够用英语有效地进行交流。

为推进大学英语教学手段现代化，应把提高教与学的效果放在首位。教师在科学合理地利用现代化教学手段的同时，还要处理好传统教学手段和现代化教学手段的关系，关注师生间应有的人际交往与情感交流，给予学生思想、情感、人格、审美等方面的熏陶和感染。

本书为湖南省社会科学基金外语科研联合项目《“湘企出海”外语语言服务能力提升策略研究》（编号：22WLH38），湖南省教育科学“十四五”规划2021年度课题《英语直注音标对小学生拼读能力提升的实证研究》（编号：ND214769）湖南外国语职业学院专项课题《中高职贯通培养研究》（编号：2022ZX02）《“楚怡”职教精神融入高职院校“双师型”教师队伍建设研究》（编号：XJKX23B117），《服务区域发展背景下高职“外语+技能”英语技能竞赛人才培养实践研究》（编号：ZJ2023B221），《模块化教学背景下高职商务英语专业教学标准研究》（ZGBJ2021084），《湖湘红色文化融入高职商务英语课程建设与实践研究》（WYZL2022HN0004），《数字化转型背景下高职外语专业教学资源库共建共享研究》（XJKX23B124）的阶段性研究成果。

目录
CONTENTS

第一章 大学英语教学概述

第一节 大学英语教学的基本关系与基本原则

一、大学英语教学的基本关系

（一）英语与汉语之间的关系

汉语是中国人的母语，儿童和少年在开始学习英语前就已经能够比较好地使用汉语进行交际；也就是说，他们已经掌握了一定量的汉语词汇和基本语法，具备了使用汉语进行听说和读写的能力。而英语对他们来说是一门需要重新学习的语言，是目标语。在谈到母语和目标语之间的关系时，人们经常谈到“迁移”的问题。“迁移”本来是一个心理学术语，指学习过程中学生已有的知识或技能会对新知识或技能的获得产生影响[①]。

20世纪50年代，语言教学研究吸纳了迁移理论，认为母语迁移会影响英语学习。迁移是英语学生经常采用的一种学习策略，它指学生利用已知的语言知识去理解新的语言。这种现象在英语学习的初级阶段出现得最频繁，因为学生对英语的语法规则还不熟悉，此时只能依赖汉语，

①霍娜，龙浩．英语语法教学中汉语迁移及研究[J]．海外英语，2017(23)：224-225+236.

所以汉语的内容就会很容易被迁移到英语中。如果母语对目标语的学习起到了积极的影响，这种现象就被称为正迁移；反之，如果母语对目标语的学习起到了消极的影响，则被称为负迁移。在迁移现象的研究中，有三种主要的理论，包括对比分析假说、标记理论和认知理论。对比分析学派认为，母语和目标语的差异会导致负迁移的发生。瓦恩里希（Weinreich）指出："两种语言（母语和目标语）相似引起正迁移，两种语言相异引起负迁移。"

拉多（Lado）也指出："学生在接触一门英语时会发现该语言的有些特征相当容易掌握，而掌握另外一些特征则极其困难。其中，与其母语相似的成分简单，而相异的成分困难。"除了要辨析母语和目标语的异同，在考察语言的迁移问题时，还要考虑母语在什么阶段、在什么条件下影响目标语的学习。

这里要提及两个重要的非语言因素，其对母语知识对第二语言习得的干扰有着重要影响：一是环境，二是学习阶段。从学习阶段来看，在初学阶段，学生由于缺乏足够的目标语知识，在表达中往往更多地依赖母语，这一阶段有可能较多地出现母语知识的负迁移。在我国学生学习英语的过程中，语言迁移表现在语音、词汇和句法等各个层次上。

1.语音迁移

语音迁移是语言迁移中非常明显也很持久的现象。人们普遍认为第一语言对第二语言习得具有很强的影响，最明显的证据就是第二语言学生的外国口音。英语和汉语分属不同的语系，两者在语音方面存在很大的差异。第一，汉语是一种声调语言，用四声辨别不同的意义。而在英语中，语调起着非常重要的作用，这一点很容易给使用方言的学生带来特殊的语音语调的困难。第二，英语和汉语的音素体系差别较大，两种语言中几乎没有发音完全一样的音素。

2.词汇迁移

初学英语的人很容易认为英语和汉语的词汇存在着一一对应的关系，每个汉语词汇都可以在英语中找到相应的单词。其实，一个单词在另一种语言中的对应词可以有几种不同的意义，原因是两种语言的语义场合不相同，呈现重叠、交叉和空缺等形式。例如，汉语中的“重”在英语里有“heavy”与之对应，但是“heavy”的意义与“重”并不是完全吻合的，“heavy”的词义有很多并不是汉语中的一个“重”字所能概括的。初学英语的人往往会把汉语的搭配习惯错误地移植到英语中，于是出现了许多不合乎英语表达习惯的句子。英汉两种语言文化的差异也会导致两种语言词汇意义的差异。除少量的科技术语、专有名词在两种语言中意义相当外，其他词汇的含义在两种语言中都或多或少存在着差异，这些差异都有可能导致负迁移现象的发生。

3.句法迁移

句法就是组词造句的规则，也就是传统所说的语法。英汉两种语言在句法方面有一些相同之处，同时也存在着很大的差异。第一，汉语是一种分析性语言，没有严格意义上的形态变化，主要通过词序和虚词的使用来表达各种句法关系。英语和汉语的这种差异很容易导致我国的英语学生在学习时遇到困难，尤其是对初学者来说，他们很容易受到汉语的影响，在使用英语时忘记词汇形态的变化。例如，名词的单复数、代词的主格与宾格形式、动词的时态变化等。第二，英语重形合，句子中的词语和分句之间常通过语言形式手段（如关联词）来表达意义和逻辑关系；汉语则重意合，其意义和逻辑关系往往通过词语和分句的意义表达。受此影响，我国学生在使用英语时常按照汉语的习惯，只是简单地把一连串的单句罗列在一起，不用或者很少使用连词。另外，英语和汉语在静态与动态方面也呈现出一定的差异。英语多倾向于用名词，因而叙述呈静态；而汉语多用动词，其叙述呈动态。例如，“He is a good eater and a good sleeper”这个句子中只用了“eater”和“sleeper”两个名词，而相对应的汉语句子应该是“他能吃能睡”。如果要求学生把这个汉语句子译成英语，他们首先想到的会是“He eats and sleeps well”。英语名词化的特点使许多学生感到不适应，在写作中这一点表现得最为突出。

迁移并非总是坏事。有时候，由于英汉两种语言之间存在着很多相似或者吻合的地方，我国学生在学习英语时可以利用已有的汉语知识，促进英语的学习。例如，汉语中的形容词都位于它所修饰的名词之前，而英语也同样如此，当学生学习了“beautiful”和“flower”两个词之后，就会很自然地说出“beautiful flower”。英语和汉语句子结构的相似性也使正迁移成为可能。英语和汉语中有以下五种基本的句型是相同的。

基本句型一：S+V（主+谓）；

基本句型二：S+V+P（主+系+表）；

基本句型三：S+V+O（主+谓+宾）；

基本句型四：S+V+IO+O（主+谓+间宾+直宾）；

基本句型五：S+V+O+C（主+谓+宾+宾补）。

一个民族的母语是其民族特征之一，母语教学对培养学生的爱国主义情感具有重要的意义。如果为了英语的学习而忽视了母语的学习，就会导致严重的后果。所以，在处理汉语和英语的关系方面应该注意以下两个问题。

（1）在全社会重视英语教学的同时，绝对不要忽视汉语的学习

经济的全球化和科学技术的国际化已经成为新的时代特征，英语作为国际交往中最为重要的交流与沟通工具，其重要性已经为越来越多的人所认识。目前，中国人学英语的热情空前高涨，从咿呀学语的幼儿到白发苍苍的老人，学习英语者不计其数。从幼儿园一直到大学，英语教育都是教育主管部门和学校领导所关注的重点之一。与此同时，国内外各个层次的英语考试也为英语学习热潮推波助澜。另外，为了满足人们英语学习的需求，各种各样且丰富多彩的教学方法、学习用书、教育音像制品和学习软件也应运而生。这对于创造良好的英语学习环境、培养具有国际竞争能力的高素质的人才、提高我国在国际竞争中的实力来说无疑是好事，但是这样的环境很容易给人们，尤其是学生和许多家长造成一种错觉，认为英语比汉语还重要，从而忽视汉语的学习。不重视英语是错误的，因重视英语而忽视了对自己母语的学习也同样是不正确的。

（2）克服负向迁移，促进正向迁移

在对待汉语和英语之间的关系方面，有两种截然相反但都不可取的

态度。一种是依靠汉语来教授英语，这显然是不可取的。英语教学的目的首先是培养学生使用英语进行交际的能力。学生必须通过大量地接触英语和使用英语才能获得这种能力。而英语教学的课时有限，要想在有限的课时内，最大限度地使学生接触和使用英语，就必须尽可能地使用英语进行课堂教学。汉语是母语，学生在学习英语时会自觉或不自觉地将英语与汉语进行比较，如果在教学过程中过多地采用汉语，学生就会很难摆脱对汉语的依赖，养成一种以汉语作“中介”的不良习惯，在听说读写等语言活动中会不断地把听到的、读到的以及要表达的英语先转换成汉语，这样就很难流利地使用英语，也不可能写出或讲出地道的英语。另外一种是完全摆脱汉语，全部用英语教学。这种做法是不可取的。英语课堂上教师使用汉语要注意以下两点。一是把汉语作为教学手段，使用方便，易于理解，但是不能过度使用汉语。在解释某些意义抽象的单词或复杂的句子时，如果没有已经学过的词汇可以利用，可以使用汉语进行解释，另外也可以对发音要领、语法等难以用英语解释的内容使用汉语进行简要地说明。二是在教学中将英语和汉语进行比较，可以提高教学的预见性和针对性。某些内容为英语特有，学生学起来就比较困难，教师应该有针对性地将其作为教学的重点，适当增加练习量。对于两种语言中相似但是又不相同的内容，学生很容易受到汉语的干扰，教师在教学过程中也要多加注意。

（二）语言知识与语言技能之间的关系

语言知识包括语音、词汇、语法三个方面的内容。语言知识是综合英语运用能力的有机组成部分，是发展语言技能的重要基础。使学生掌握一定的英语基础知识是英语教学的基本目标之一。语言是交际的工具，以声音/符号为物质外壳。人通过发音器官发出声音，从而达到交际的目的。在英语学习中，语音和语法、构词法、拼写都有关系。很好地掌握语音知识，不但有利于听说技能的获得，而且也有助于语法和词汇的学习。英语中的词汇包括单词和习惯用语。

“词”这一概念是我们非常熟悉的，但是对其下一个准确的定义却不容易。语言学家对“词”下定义时说法不一、措辞不同。概括来说，词是语音、语意和语法特点三者统一的整体，是语句的基本结构单位。每个词都有一定的语音形式。在口语中，主要以语音对词进行区分。每个词都有一定的意义，这些意义又可以分为字面意义和隐含意义两种。字面意义就是词的“本义”，隐含意义则是指词的本义以外的意义，即附加意义。在一个词的所有含义中，有些含义可能是文化背景、社会背景、性别或年龄相同的人所共同认可的，另外一些含义则因使用者个人经历的不同而不同。每个词都有一定的语法特点，在句子中发挥一定的功能。词的功能的改变有可能会引起词义的变化，如“He tore down the hill.”“Three enemy planes downed”，第一句中的“down”是介词，其词义表示方位，“沿......往下”；而第二句中的“down”是动词，表示“打下”的意思。英语中的习惯用法又称习语，具有语义的统一性和结构的固定性两个特点。习惯用法是固定的词组，在语义上是一个不可分割的统一体，其整体意义往往不能从组成该词组的各个单词的意义中推测出来。词汇是构筑语言的材料，尽管具有大的词汇量并不意味着一定会具有高的语言能力，但是，要想具备较好的语言技能就必须掌握足够的词汇量。

语法是一种关于语言结构的描述，说明词和短语等如何结合起来形成句子。语言是词的一种线性排列，这种排列不是任意的，而是遵循一定的规则，这种规则是为该语言社团所共同接受的。不同的语言具有不同的语法，汉语与英语的语法就具有很大的差异，所以，英语学生要想使用英语进行交际就必须遵守英语的语法规则。

语言技能指运用语言的能力，包括听、说、读、写四个方面，其中，说和写被称为产出性技能，而读和听被称为接受性技能。听是区分和理解话语的能力，即听并理解口语的含义；说是应用口语表达思想、输出信息的能力；读是认识和理解书面语言，即辨认文字符号并将文字符号转换为有意义的信息输入的能力；写是运用书面语表达思想、输出信息的能力。听、说、读、写是学习和运用语言必备的四项基本语言技能，是学生进行交际的重要形式，是其形成综合语言运用能力、获取信息和处理信息的重要基础与手段。

语言知识和语言技能都是语言能力的组成部分，都是语言学习的目标。两者之间相互影响，相互促进。语言知识是发展语言技能的基础，不具备一定的语音知识，不掌握足够的词汇，不了解语法，就不可能发展任何的语言技能，而语言知识往往可以通过听、说、读、写活动的过程来感知、体验和获得。

教师在英语教学中，处理语言知识和语言技能这两者之间的关系时，应该注意以下几点。

1. 兼顾语言知识与语言技能，防止厚此薄彼

语言知识和语言技能都是语言能力的组成部分，都是英语教学的基本目标。交际教学法是在批判传统的语法翻译教学法的基础上建立起来的，其中一个主要的原因在于传统的教学方法过分地强调语言知识（主要指语法）的传授，而忽视了语言技能的培养。语言知识是能力的基础，认为强调语言技能就可以忽视语言知识的看法也是不对的。语言的综合能力是多方面的，除了语法知识，还有社会语言学能力（如在完成某些言语行为时如何才算得体）、语篇能力（如观察和使用各种衔接手段与照应手段等）和策略能力（也就是交际策略，如在交际中遇到困难时使用某些手段回避等）。这就意味着语法还要学，不学语法，语言技能就无从谈起；学习语法不是为了掌握某种理论体系，而是为了正确地使用语言，而且不仅要保证语言的语法规范，还要保证其社会文化规范；语言能力不仅是关于单个句子的，还是关于语篇的。当然，英语教学不能停留在知识的传授和学习上，要把语言知识的学习与语言技能的培养有机地结合起来，语言知识的学习要有利于提高语言技能的质量，而在发展语言技能的同时，也不能忽视语言知识的学习。

2. 语言知识的教学要立足于语言实践活动

传授语言知识并不意味着要单纯讲解语言知识，尤其是在基础英语教学阶段，应主要通过听、说、读、写等实践活动来学习英语。因此，语言技能的训练是教授语言知识的基本途径。语言知识的教学可以采用提示、注意和观察、发现、分析、归纳、对比、总结等方式进行，要有意识地使学生参与到上述过程中，使学生在学到语言知识的同时，还能得到科学的思维方法的训练。

3.听、说、读、写四项技能协调发展，不能截然分开

对于英语初学者来说，可以从听、说开始学习，但是读、写也要很快跟上。在处理听、说、读、写四项技能之间的关系时，应该注意防止两种错误的倾向：一是不让学生接触书面材料的纯“听说法”，这种方法是不可取的，也是不符合中国人学英语的实际情况的，原因是我国学生学英语时最容易创造的还是阅读的输入环境；二是一味强调客观条件，片面夸大读、写的重要性，容易导致“哑巴英语”和“聋人英语”的现象出现。

二、大学英语教学的基本原则

（一）交际性原则

语言是交际的工具，人们主要通过语言来交流思想、传递信息。交际是在特定语境中的说话者和听话者、作者和读者之间的意义转换，包括口语和书面语两种交际形式。交际总是发生在一定的语境之中，需要两人以上参与才能产生。学习英语的首要目的就是使用英语进行交际，而英语教学的首要目标就在于培养学生的交际能力。交际能力的核心就是使学生能够运用所学的语言知识在不同的场合下与不同的人进行有效的、得体的交际。因此，教师在英语教学中首先要贯彻交际性原则，使学生能运用所学的英语进行交流。教师在英语教学过程中需要做到以下几点。

1.充分认识英语课程的性质

英语是一门技能培养型课程，所以教师要把语言作为一种交际的工具来教、来学、来使用，而不是把教会学生一套语法规则和零碎的词语用法作为语言教学的最终目标，要使学生能用所学的语言进行交流、获取信息。在教学过程中，教、学、用三个方面构成一个有机的相辅相成的统一体，其核心在于使用。因此，教师应转变以往陈旧的教学观念，认清课程的性质，这是落实交际性原则首先需要解决的问题。

2. 创设情景，开展多种形式的丰富多彩的交际活动

语言是交际的工具，而交际总是发生在特定的情景中。情景包括时间、地点、参与者、交际方式、谈论的话题等要素。在某一特定的情景中，讲话者所处的时间、地点以及自身的身份都会影响其说话的内容与语气等。因此，在基础英语教学中，要使教学的内容置于一种有意义的情景之中。而且，学生在一定的情景下学习英语，可以使学生身临其境，提高学生学习英语的兴趣。英语教学活动要充分考虑交际性的特点，结合教材的内容，尽量利用各种教具，创设各种与学生生活密切相关的情景，进行英语交际训练活动。这样不仅能够使学生学有兴趣、学有成效，还能够让学生做到学用结合。

3. 培养学生语言使用的得体性

英语教学的首要目标在于培养学生进行有效交际的能力。传统的英语教学只偏重语法结构的正确性，而根据交际性原则，学生要具备良好的交际能力，需要能够在适当的时间、适当的地点，以适当的方式，向适当的人，说适当的话。这一点与上面一点密切相关。教师在教学过程中要创设情景，开展多样的交际活动，如课堂游戏、讲故事、猜谜语、编对话、角色扮演、话剧表演、专题讨论或者辩论等都有助于学生在所创设的情景中充分表现自己，从而掌握地道的语言。

4. 精讲多练

老师在课堂上的工作不外乎讲和练两种，前者是指讲授语言知识，后者是指进行语言训练。在课堂上，老师适当地讲授一些语言知识是必要的，可以提高学习的效率。就如同学习游泳一样，在下水之前，讲解一些注意事项、游泳的动作要领有助于提高学生在水里训练的效率。英语首先是一种技能，而技能只有通过实际训练才能获得。因此，教师必须清楚，讲解的目的在于帮助学生更好地训练。在语言训练的过程中，要针对学生的具体问题进行“画龙点睛”式教育。这不仅有利于学生语言交际能力的培养，还有助于学生养成良好的学习与思维习惯。教师在进行必要的讲解后，还要给学生留出足够的训练时间。

（二）兴趣性原则

我国古代教育家孔子把学习分为三个不同的层次：知学、好学和乐学。孔子认为“知之者不如好之者，好之者不如乐之者”。兴趣是最好的教师，也是推动学生学习英语的最强的动力。“学习兴趣是学生积极探求事物并带有感情色彩的认识倾向。它可以使学生在学习活动中变得积极主动，从而获得更好的学习效果。”

周娟芬指出：“学习兴趣有定向功能、动力功能、支持功能和偏倾功能。”学习兴趣作为影响学习过程的一种非智力因素，其作用最为明显，也是最为持久的，它往往决定着学生的进取方向，为学生一生的事业奠定基础，此为定向功能。学习兴趣与人的情感活动密切相关，可以直接转化为学习的动力。当学生对英语学习具有浓厚的兴趣时，学习就不再是一种负担，而是一种乐趣，此为动力功能。英语学习是一个漫长而又复杂的学习过程，伴随着许多的困难与挫折，学习兴趣在于克服困难、战胜挫折、保持旺盛的精力，对学习起着支持的作用，此为支持功能。人们往往会从自己的兴趣出发去审视事物。表现在英语学习上就是，每个学生的兴趣不同，其学习的侧重点也就有所不同。有的学生对记忆单词特别感兴趣，有的学生特别喜欢阅读英语文章，还有一些学生特别喜欢用英语写点儿东西，此为偏倾功能。对于这些侧重点的差异，教师需要因势利导，在学生原有侧重点的基础上，将其引导到全面的、正确的轨道上来。那么，如何激发和培养学生学习英语的兴趣，可以参考以下几点。

1.充分了解学生的生理与心理特点，尊重学生的主体性

学生是学习的主体，是整个学习过程的核心承载者。基础英语教学要从学生的心理特点和生理特点出发，改变传统的学习方式，让学生通过体验和实践进行学习。传统的语言学习方式要求学生在初级阶段学好音标和语法，记忆一定量的词汇。如今的英语课程必须从学生的心理特点和生理特点出发，遵循语言学习规律，从改变学生的学习方式入手，通过听做、说唱、玩演、读写和视听等多种活动方式，达到培养学生兴趣、使其形成语感和提高交流能力的目的。

2. 防止过于强调死记硬背、机械性操练的教学倾向

英语学习需要一定的死记硬背和机械性操练，但过多的机械性操练很容易导致课堂教学变得死板与乏味，容易使学生降低甚至失去学习英语的兴趣。为此，应该重视对教学过程的科学设计，科学安排知识内容和学习策略，努力创设技能实践所需要的真实情景，以营造启发学生思维的教学环境，帮助学生通过各种渠道获取知识，加速知识的内化过程，使他们能够在听、说、读、写等语言交际实践中灵活运用语言知识，使语言知识成为英语交际的工具。这样，在获得交际能力的同时，学生的综合素质也会得到相应的提高，学生的学习兴趣才会得到巩固与加强。

3. 挖掘教材，激情引趣

教材是英语教学的核心，教师要想最大限度地调动学生的积极性，就要在备课时认真研究教材，挖掘教材中的兴趣点，使每节课都有新鲜感，都有让学生感兴趣的内容和活动。

4. 培养学生的自信心和成就感

对于学生来说，学习兴趣的保持在很大程度上取决于学习的效果，取决于他们能否获得成就感。因此，教师要善于发现学生的进步，多进行鼓励和表扬，通过多种激励方式，如奖品激励、任务激励、荣誉激励、信任激励和情感激励等，鼓励学生积极参与、大胆实践，使其体验成功的喜悦。

（三）灵活性原则

灵活是兴趣之源，灵活性原则是兴趣性原则的有力保障。语言是生活的必要组成部分，是一个充满活力、不断发展的开放性系统。语言本身的性质以及学生的自身特点要求教师在英语教学中遵循灵活性原则，要在教学方法、语言学习和语言使用方面做到灵活多样，富有情趣。

1. 教学方法的灵活性

在英语教学历史中曾经出现过许多不同的教学方法和流派，如语法翻译教学法、视听教学法、交际教学法等，每种方法都有其自身的优势与不足，教师应该兼收并蓄、集各家所长，切忌拘泥于某种所谓流行的教学方法。英语教学包括语言知识和语言技能两个方面，语言知识包括语音、词汇、语法等内容，不同的语音、不同的词汇、不同的语法项目都具有不同的特点。语言技能包括听、说、读、写四个方面，其中又包括许多微技能。而学生的个体差异也是千差万别的。因此，英语教学要综合学生、教学内容以及教师自身的特点，创造性地开展多种多样的教学活动，充分体现教学方法的多样性和灵活性，使英语课堂新鲜、有趣，从而激发学生学习英语的热情，挖掘学生的潜能。教学的内容也要体现多样性，不仅要教英语，还要教学习方法。

2.语言学习的灵活性

教学方法和教学内容的灵活性可以有效地带动英语学习的灵活性。要努力改变以往死记硬背的机械性学习方法，帮助学生探索合乎英语语言学习规律和符合学生生理特点、心理特点的自主性学习模式，使学生能够自我导向、自我激励、自我监控，要做到静态、动态结合，基本功操练与自由练习结合，单项练习与综合练习结合。教师可以通过布置大量的实践练习，使学生建立良好的语音、语调、书写和拼读的基础，并能用英语表情达意，开展简单的交流活动，开发学生听、说、读、写以及综合运用语言的能力。

3.语言使用的灵活性

英语学习的关键在于使用，教师要通过自身对英语的灵活使用来带动学生使用英语。教师应尽可能多地用英语组织教学、用英语讲解、用英语提问、用英语布置作业等，使学生感到他们所学的英语是活的语言。英语教学的过程不应只是学生听讲和做笔记的过程，还应是学生积极参与，运用英语来实现目标、达成愿望、体验成功、感受快乐的有意义的交际活动过程。另外，教师还可以通过布置灵活性的作业使学生灵活地使用英语。作业的布置应侧重实践能力，如可以让学生轮流运用英语进行值日报告，陈述和评议时事、新闻等。

（四）宽严结合原则

所谓的英语教学中的宽与严是指如何对待学生在学习过程中出现的

语言错误，也就是如何处理准确和流利之间的关系。英语学习是一个漫长的内化过程，学生从开始只懂母语，一直到最后掌握一种新的语言，需要经过许多的阶段。从中介语的观点来看，在掌握新语言前的各个阶段，学生所使用的语言都是一种过渡性语言；它既不是母语的翻译，又不是将来要学好的目标语。这种过渡语免不了会有很多的错误。传统的分类方法将这些错误分为语法错误、词汇错误和语言错误。语法错误又被进一步分为冠词错误、时态错误、语态错误等。这种分类方法主要基于语言形式，而忽视了语言在交际中的使用。

对于各种错误的分析是对语言习得进行研究的重要课题，通过对这些错误进行分析，可以了解学生的学习方法，其实这些方法也正是学生产生这些错误的原因。第一个原因是迁移。许多人都想当然地认为迁移是英语学生产生错误的主要原因，但是许多研究表明，母语干扰造成的错误在所有错误中占的比例并不高。第二个原因是过度概括。学生对所学的语言结构进行概括，然后创造出一些错误的结构。老师对待学生的这些错误有两种极端的做法是不可取的。一种极端的做法是把语言错误看得非常严重，“有错必纠”。这些人认为处于英语学习初期的学生一定要学到正确的东西；如果对学生的语言错误听之任之，一旦养成习惯就很难改过来了。这一类教师在学生讲英语时往往会抓住学生的错误不放，这样很容易挫伤学生学习英语的积极性，使他们十分害怕犯错误，久而久之就不敢开口说英语了。另一种极端的做法是对学生的语言错误视而不见。一些老师认为熟能生巧，只要多说就能慢慢自我克服这些错误。这类教师强调的是学生语言的流利程度，结果导致学生毫不注意语言的准确性。出现语言错误是学习英语过程中的必经阶段。“出错—无意识错误—出错—意识错误—出错—自我纠正错误”对每一个英语学生来说都是必经之路，没有这个过程，英语使用就不可能达到流利的程度。因此，要鼓励学生不怕出错，而且要耐心地倾听学生“碎片式”的英语，并给予纠正指导。

一方面，教师要坚持用正确的语言熏陶学生；另一方面，当学生的语言错误影响到信息的传递时，老师要在鼓励的前提下进行必要的纠正，从而保证以后学生使用英语时的准确性。也就是说，在英语教学中，教师应该采取宽严结合的原则：当以交流为目的时，对学生的语言错误采取宽容的态度；当以语法学习为目的时，则采取严格的态度。这样宽严结合，既保证学生具有扎实的语言基础，又有利于鼓励学生大胆地使用英语。宽严结合的原则实际上就是要正确处理准确和流利之间的关系。"没有准确，流利就失去基础"的说法只强调了准确的重要性，正确的态度应该是"既要强调准确性，又要重视流利程度"。对于初学者，不要过分纠正其语言中的错误，而要更多地鼓励他们使用英语进行交际；对于中等以上的学生，可以适当地纠正其语言中的偏差，但是要以不打击他们的学习积极性为前提。换句话说，学生英语学习得越深入，越要强调准确性。此外，学生在用英语写作文或在课堂上演讲时，则应该强调准确性。

（五）输入输出原则

输入是指学生通过听和读接触英语语言材料，输出则是指学生通过说和写来进行表达。心理语言学研究表明，输出建立在输入的基础之上。在此意义上，输入是第一性的，输出是第二性的。一方面，人们在学习英语的过程中，能理解的总是比能表达的要多。即人们能听懂的永远比能说的要多；而能读懂的又比能写的多。也就是说，我们能欣赏小说、散文和诗歌等优秀的文学作品，但我们自己并不一定能写出来。另一方面，语言输入的量越大，语言输出的能力就越强。也就是说，我们听的东西越多，我们读的东西越多，我们的表达能力也会越强。

克拉申（Krashen）认为有效的语言输入应具备以下三个方面的特点。第一个特点是可理解性。如果学生不能理解所输入的语言，那么这些输入无异于噪声，是不能被接受的。第二个特点是趣味性或恰当性。所输入的语言材料还要使学生感兴趣。要使学生对语言输入感兴趣，最好使他们意识不到自己是在学英语，把注意力放在意义上。第三个特点是足够的输入量。目前的英语教学严重地低估了语言的输入量的重要性。要习得一个新句型单靠做几个练习、读几段语言材料是远远不够的，还需要数小时的泛读以及更多的讨论。所以，教师在教学过程中应该注意以下几点。

1.尽可能多地让学生接触英语

要通过视、听和读等手段，多给学生可理解的语言输入，如英语音像材料的示范和贴近学生日常生活和学习、适合学生的英语水平、具有时代特色的读物等。另外，学生英语学习的内容不要局限在课本之内，教师应该打破课内外的界限，帮助学生扩大语言接触面。

2.输入内容和输入形式多样化

学生接触的英语既要有声，又要有图像，还要有文字，而且语言的题材和体裁以及内容要广泛，来源要多样化。比如，在日常生活中，每天都会接触到很多英文，文具、衣服、道路标志、电器等上面都有英文。如果老师能利用这些，学生就可能轻轻松松地学到英语知识。另外，教师还要注意根据语言输入的分类，尽可能地为学生提供多种形式的输入。

3.符合学生实际情况

为学生提供的语言材料要符合学生的实际情况，要符合可理解性、趣味性与恰当性的要求。当然，仅仅依靠语言的输入是不可能掌握英语、形成综合运用英语的能力的，还需要通过口头和笔头的表达来检验和促进语言的学习。在增加可理解的语言输入的同时，还要在理解的基础上不断进行有效的实践活动。在基础英语教学中这些实践活动，包括一定的模仿练习。学习语言的确需要模仿，问题的关键在于如何模仿和模仿什么。如果只是机械地模仿，只注意语言的形式，并不能保证学生能在生活中真正地使用语言。比如，只要求学生注意语音、语调的准确，死记硬背句型结构，而没有使学生真正了解这些句型结构所表达的含义，学生就无法在课外使用。模仿的对象最好是模拟生活中的真实情景，注意语言结构所表达的内容，才是有效的模仿。尤其是在结对练习、小组练习的时候，要让学生根据实际的情况使用所学习的语言，这样学生才能把声音和语言的意义结合起来。英语教学的研究人员还提出，不仅要有“可理解的输入”，还要有“可理解的输出”。

第二节 大学英语教学的目标

一、帮助学生理解英语

“教师使学生懂英语”的过程是一个使能过程，但不是使学生掌握技能和学习本领，像学会开车和修理机器一样，而是使学生动脑筋，学习语言知识。学生的学习过程不是一个行为过程，而是一个心理过程，教学的中心仍然是学生。但是，在英语学习中，学生不是要学会做事，而是要扩展思维活动，获得新的知识。教师的任务是为学生提供其所需要的一定量的知识。这里需要考虑的是“知识”一词。学习语言通常被认为有两种方式：学习语言和学习有关语言的知识。在此，知识纯粹是指有关语言的特点和运用的知识。但掌握英语语言知识也可以被称为懂英语。它既表示学会有关这种语言的知识，又表示学会说这种语言。这两种解释实际上代表了两种不同的教学模式。从第一种模式的角度讲，教学可以只让学生理解和记忆，而不必让学生去进行实践，其重点是心理活动。从第二种模式的角度讲，学生不仅要理解和记忆所学的知识，还要学会实际的语言技能，学会把所学的知识运用到实际语言交际中。同时，还要学会在一定的文化语境中，即在目标语文化中，从事交际活动。因此，教学的目标可以有两种：使学生学会有关语言的知识和使学生会讲这种语言①。

二、帮助学生学会英语

在教学过程中，学生学习英语，教师帮助他们达到目的。学生是行为者，是教学的中心。教师可以采用各种各样的手段来帮助学生学习英语。但现在很多教师没有考虑学生学习的任务是什么，应该采取怎样的手段进行教学，从本质上来说，也就是未能对教学目标进行科学的限定。一般情况下，学生往往是被动开展各项学习活动的，如何转变教学

①杨桦．大学英语教学目标定位及价值研究［J］．才智，2019(24):165.

思路，使学生由被动变为主动是教师应该认真思考的问题。

三、传授学生语言知识

在课堂教学中，教师要强化学生的交际性练习，突出语言使用能力的培养，从教授学生语言知识向培养学生交际能力转变，通过听、说、读、写的全面训练，提高学生运用英语进行交际的能力，使交际化教学与语言知识教学有机地融为一体，将语言知识更好地传授给学生。教师要注意课堂教学中角色的转换，即由当主角“讲”英语知识转移到当配角让学生“发现”英语知识。在具体教学中，老师要尽可能地向学生提供难度适中的语言材料，要保证学生理解语义。因为高校学生已经具备了一定的分析、判断和归纳的能力，所以如果教师在课堂上提供足够数量的恰当例句和适度的交际性练习，就能使他们掌握知识点的意义及构成规则。英语教学不提倡只向学生提供包罗万象的语法规则，教师应在积累大量语言材料的基础上引导学生在接触某种语言现象后自己归纳和总结该语法项目的规则，并开展讨论，这是在“理解”之上的讨论。实践证明，如果提供机会让学生进行必要的讨论，学生的学习效率会大大提高。

四、发展学生的意义潜势

语言被视为一个“潜势”，或称其为“意义潜势”。教学的目的是使学生掌握这一潜势，使学生会用语言来表达意义。这显然既包括使学生掌握有关语言的知识，又包括使学生掌握语言表达的能力，学会用所学的语言说话。英语知识的学习只是辅助性的，有利于促进语言学习，但不能代替语言技能的训练。英语教学的较高的目标模式应该是综合性的，是以发展学生的意义潜势为主的目标模式，但最高目标应该是培养学生的跨文化交流能力。

五、培养跨文化交流能力

老师在英语教学实践中会发现，尽管在培养学生听、说、读、写的语言技能的方面花费了大量心血，但教学效果并不明显。分析后就会得知，现行的围绕听、说、读、写、译等语言技能训练编写的教材及采用的教学方法存在着一定问题。严格地说，目前大学英语教学还没有突破语言知识掌握和语言技巧训练的框架，学生学到的更多是语言表面的知识。英语教学仅仅重视语言技能的训练是不够的，还必须注重交际能力的培养。实践证明，不能通过语言技能的训练自然形成交际能力。交际能力的形成除了需要语言因素，还需要社会文化能力、语境能力、行为能力等诸多要素。要想培养学生的交际能力，英语教学除了传授语言内容和进行语言技能训练，还必须努力对学生进行跨文化条件下语言能力、语用能力等的专门培养和训练，以提高学生在特定的社会文化情境中的跨文化交流能力。培养学生的跨文化交流能力是英语教学的最高目标。英语教学的过程实际上是一种文化适应的过程。一方面，它要求学生把目标语文化也就是英语文化与自身现有知识进行等值转换；另一方面，要求学生积极地理解、吸收与本国文化不同的信息。由于英语与汉语的巨大差距，学习英语不可避免地会遇到文化差异造成的障碍和困难。为了消除这种障碍，英语教学必须强化文化教学，即在教学过程中，相应地进行英语语言文化教学。从英语教学的角度讲，教授语言知识和培养语言技能是前提、是基础，而跨文化交流能力的培养是前者的深化和提高。

第三节　大学英语教学的模式、方法与手段

我国大学英语的教学模式长期以来一直是以教师为中心，这种教学模式与高素质的教师相结合，在特定的历史时期发挥了很好的作用，培养了大批英语人才。但随着新世纪的到来，社会历史发展状况、学校教育的配套设施、学生人数和学生能力等各种条件都发生了变化，特别是学生人数的增加使传统教学模式受到了极大的挑战，而与社会发展相适应的基于多媒体与网络的新的教学模式则逐步成为更为恰当的英语教学模式，并且逐渐受到教师与学生的好评。在深入推进我国教学模式改革、切实提升学生学习成效的进程中，如何构建科学、有效的新型教学

模式一直是亟待解决的重要问题。教学模式是在一定教学思想或教学理论指导下建立起来的较为稳定的教学活动结构框架和活动程序，不仅反映课程设计者与实施者对待“学”与“教”的态度，还直接影响学生的学习成效。近年来，我国大学英语教学改革不断推进，优化了教学过程，完善了新型教学模式。培养英语专业学生的自主学习能力已成为大学英语教学研究的重要课题。

一、大学英语教学模式及其发展历程

乔伊斯（Joyce）和威尔（Weil）对教学模式的定义在国外是较有影响力的，他们认为，教学模式可以用来设置课程、设计教学教材、指导课堂教学或改进其他场合的教学的计划和类型。关于教学模式的内涵有多种不同的表述方式。在国内，有学者将教学模式等同于教学结构，认为它是在一定的教学思想指导下建立的比较典型和比较稳定的教学程式；也有学者认为，教学模式就是教学过程的模式，或是一种有关教学程序的策略体系、教学式样，即根据客观的教学规律和一定的教学指导思想形成的，在整个教学过程中都必须遵循的比较稳定的教学程序及其实施方法的策略体系。戴炜栋等在结合英语教学特点的基础上提出：教学模式是指在一定的教育思想、教学理论和学习理论指导下，在某种环境中展开的教学活动过程的稳定结构形式。学者们对教学模式概念认识的分歧说明教学模式的实质和定位等基本理论问题有待进一步深入研究。尽管许多学者对教学模式的观点不尽相同，但无外乎是从不同视角对教学模式的两个基本属性进行研讨：一是教学模式指的是为实现某种教学任务、目标和要求所展开的具体教学活动；二是教学模式是教师、学生、教材、教学媒体等要素在教学活动过程中呈现的一种稳定结构形式。

（一）西方外语教学模式发展情况

1. 西方外语教学模式的分类

由于分类的侧重点不同（按培养思维能力、传授知识、人格发展进行划分），教学模式的分类见仁见智，各学派精彩纷呈。从基于课堂的教学模式来看，外语教学模式在西方基本分为三大类型：第一类是课堂讲授型；第二类是相互交流型；第三类是折中型。

（1）课堂讲授型

以教师为中心、教师负责讲授、学生忙着做笔记是课堂讲授型的主要特点。这种教学模式的基本假设是课堂规模太大，要采取教师与学生或学生与学生之间的相互交流的模式是不现实的。其局限性是教学气氛主要靠教师的个人魅力、教学技巧等来调节。由于教师和学生之间缺乏足够的交流，学生很难集中注意力专心听讲，时间一长就有可能逐渐丧失学习外语的兴趣和积极性。

（2）相互交流型

在相互交流型课堂的教学过程中，学生处于整个教学活动的中心。学生经常通过结对子、小组活动来参与语言教学实践活动。课堂提问、角色扮演、课堂辩论等手段也常常为教师所用，以营造学习氛围，促使学生参与到课堂教学过程中。教师的作用是设计课程、布置任务、组织协调等。在这种模式下学生在不断实践的过程当中逐渐获得语言，而不是只通过教师所教授的一些语言知识和规则来学习语言。不过，如果这种课堂教学设计缺乏严密性、学生不配合，课堂教学就有可能处于无人管理的状态。

（3）折中型

顾名思义，折中模式是在课堂讲授型和相互交流型两类教学模式的基础上，取其各自的长处发展而来的。它的特点是将教师在课堂教学中发挥的作用与学生的学习实践活动进行有机结合，充分发挥教师、学生各自的主动性。在课堂规模较大时，该模式既保留了教师讲授的部分，又发挥了学生的参与作用。有时，该模式也借用现代教学手段以提高教学效率。例如，教师将部分课堂教学内容转移到课外，由学生自主完成，留足课堂教学时间与学生进行沟通与交流。由此，大型课堂讲授不再是最主要的教学手段，而以小组活动、个别指导、定期辅导等教学方式代之，学生成为外语学习的主体和参与者。不过，该模式组织实施的前提是学生有高度的责任感。而且该模式比较适合高年级或外语基础较好的学生。

2.西方外语教学模式的发展

现代信息技术被应用到语言教育领域之后，外语教学模式更加丰富多彩，先后出现了许多变形。米因斯（Means）等将基于信息化环境下的折中教学模式归纳为几种有代表性的模式，每一种模式都会随着信息技术的作用方式、教师和学生的主体作用的变化而呈现出不同的特征。

（1）传统的计算机辅助教学（Computer Aided Instruction，CAI）模式

这种教学模式也被称为教师中心模式。师生双向交流，教学内容被预先存入计算机中，教师通过控制计算机向学生呈现教学信息，并获得学生的反馈信息。典型的教学情境是教师运用多媒体教学系统辅助课堂教学，教师利用CAI课件演示教学内容，学生给予反馈，或根据内容进行各种语言操练等，教师主导并监控整个教学过程。该教学模式的不足之处主要是师生面对面的情感交流不多，教师没有考虑到学生的个体差异问题，基本上是"机灌"式的教学方式。

（2）传统型教师主体与学生客体教学模式

教师与学生均通过计算机进行信息交流。教师（主体）通过计算机把教学信息传送给学生（客体）、提供学习支持，学生通过计算机学习教学内容，发送求助、反馈等信息。基于局域网、广域网和交互型远程教学系统的教学属于这类模式。该模式要求学生有很强的自主学习能力。

（3）教师主导、学生主体的教学模式

该模式以学生为主体，培养学生的自我发展能力，坚持学生是教育主体的观念，在课堂教学中确立学生的主体地位，培养他们的自主意识，发挥他们的主观能动作用。教师通过计算机将教学信息传送给学生，但不直接获得反馈信息。学生也不是直接从教师那里获得教学信息，而是主要通过计算机进行学习。这是一种较为典型的计算机辅助教学模式，该模式的实施需要学生有很高的认识水平和元认知水平，善于自我监控。开放式的远程教育多采用这种模式。

（4）工具型学生中心教学模式

这种模式自我反馈较弱。学生利用计算机构建自己的信息作品，并

从对自己的信息化作品的自我评价中得到某种反馈（弱反馈），如学生使用电子表格、数据库等认知工具软件进行学习。教师通过操作媒体观察学生的学习过程和作品，然后给予评价性信息作为反馈。该模式需要教师事先充分了解学生，并根据学生的实际情况设计出符合学生认知水平的学习任务。当然，也需要学生具备一定的认知策略。

（二）我国英语教学模式发展情况

1.以教师为中心的课堂教学模式

从20世纪20年代到20世纪后期，我国大学英语教学实践活动主要以教师为中心组织教学。在该模式下，教师确定学习内容、安排学习进度等，教学设计侧重知识点之间的线性设计。纸质教材、黑板和粉笔等是老师教学中主要采用的教学媒体。此外，还有半导体收音机、幻灯机、录音机和磁带等视听媒体。不过，可利用的资源不多，主要有广播英语节目、电视英语节目和传统语音实验室。语言教学以课堂语法翻译式教学为主、课后学生进行重复性语言操练为辅。教学的基本要素是教师、学生和教材。在教学评价方面，强调学生对所学知识的掌握情况，以终结性评估为主。以教师为中心的课堂教学模式主要表现为以下几种形式。

（1）语法翻译式

其主要特点是学生在课堂上的学习以掌握英语知识为主，特别是词汇语法等方面的知识。在该教学方式下培养出来的学生，独立学习能力不强，始终依赖教科书和教师，学生自主、自愿接受英语知识的机会很少。

（2）听说式

其核心是将听放在首位，先用耳朵听，后用口讲，通过反复的口头操练，使学生最后能熟练地说出教师提供的句型。但这种教学模式忽视了学生的认知能力在英语学习中的作用，机械性的操练不利于学生在现实生活中运用所学的知识。

（3）答疑式

教师对学生提出的问题进行分类，上课时详细讲解学生所提问题中典型性的问题和内容，对于不具普遍性的问题则进行个别辅导。在某种程度上，这种教学模式更关注学生共性与个性方面的问题，体现了因人施教的教学原则。

2.计算机辅助语言教学模式

从20世纪后期到21世纪初，计算机的介入使传统的大学英语教学模式进入计算机辅助语言教学时代。计算机作为重要的教学媒体走上了英语教学的舞台，计算机辅助语言教学模式成为大学英语教学领域的一大特色。该模式强调以学生为中心的教学结构，注重新旧知识的非线性结构安排和多媒体组合，利用磁带、广播电视节目、视频光盘、计算机等进行教学。此外，随着信息技术的逐步成熟，传统的语音室被改造成为计算机多媒体语音室，普通的教室升级成为多媒体教室，教学功能大大增强。计算机辅助语言教学模式具有许多优势，主要体现在以下几个方面。

（1）教学信息更加丰富，语言教学更加直观、生动

多媒体技术集图文、声音于一体，方便教师灵活切换教学内容，对学生具有比较强的视觉、听觉等多模态冲击。在以教师为主导的课堂教学过程中，教师利用多媒体后，授课更生动，教学内容更容易为学生所接受。

（2）学习时空得到延伸与拓展

计算机辅助语言教学模式打破了传统英语课堂教学的时空界限，构建了一个开放的教学空间。借助多媒体助学光盘，学生可以不受课堂教学时空的束缚，学习时间机动灵活，可长可短，由自己灵活掌握；学生如果遇到语言难点，可以借助计算机反复学习，直到弄懂为止。

（3）教师指导下的学生自主学习能力开始得到重视

计算机辅助语言教学模式不仅在某种程度上缓解了扩招所带来的师资短缺问题，还可以在大学英语教学课时十分有限的情况下，方便教师通过布置学习任务来要求学生在课外培养自主学习的能力。

（4）教师教学信念逐渐变化

与传统英语教学模式相比，此模式有利于促使教师更新教学信念。

在传统的英语教学中，英语教师的角色基本上是传道、授业和解惑。在计算机辅助语言教学模式下，教师角色逐渐从单纯的知识传授者转变为教学课件的设计者、教学过程的组织者和引导者、知识传授的筛选者、课堂活动的幕后导演。这一变化要求教师与时俱进、更新观念，形成符合现代英语教学理论的教学信念。

然而有研究表明，这一阶段的英语教学也存在一定的不足。其中，最大的问题就是教师利用多媒体进行教学的理念转变还不够到位，在教学方法上准备不充分；大学英语教学实践中出现了一些极端现象；利用计算机多媒体进行教学的改革力度不大，出现了教学媒体技术的低值使用现象。例如，几十万元的设备只被当作“大录音机”来使用，有些多媒体英语课件只是教材的“电子搬家”——简单的文字加上图片就成了一套课件。此外，还表现在对多媒体技术的滥用上：教师制造无效信息，分散了学生的注意力。例如，在具体的语言技能教学上，哪些技能的课堂教学需要多媒体设备，哪些不该用，以及如何合理用，有些教师没有合理的计划，以为使用了技术设备，就能提高教学效率。又如，有些教师在利用多媒体进行课堂教学时，很少板书或不再板书，只坐在教室前方电脑主控台前，一边单击教学课件一边说课。由于教师与学生之间缺乏必要的情感交流，多媒体课堂教学成了变相的“机灌”式教学，课堂气氛沉闷，不利于调动学生参与课堂活动的积极性。

总之，我国这一时期的大学英语教学模式逐渐由封闭式、单向性的知识与技能传授转向开放式和多向性，呈现出多元化的趋势，教学环境也呈现出开放性、交互性、协作性、多元性等特点，学生逐渐有机会在课外通过多媒体教学光盘等资源学习英语，提高英语运用能力。与此同时，国内基于多媒体辅助教学的研究也层出不穷，并取得了许多研究成果。这些成果或是研究如何将计算机多媒体技术充分应用到英语教学中，或是对计算机多媒体辅助教学方式进行反思，或是各种英语教学设计，但鲜见能够代表未来英语教学发展趋势的基于信息、技术环境的教学设计。

3. 基于计算机和课堂的教学模式

进入21世纪以后，以计算机与网络为特征的信息技术有了迅猛的发展，此阶段也正是我国教育部门大力提倡利用现代信息技术开展英语学习的阶段。教育部倡导的基于计算机和课堂的英语教学模式旨在解决学生语言应用能力低下的问题，并缓解大学扩招带来的英语教育资源的严重紧缺。但是，如果师生还只是把计算机当作辅助工具，就很难达到大学英语教学改革的目标。于是，以计算机网络为特征的信息技术开始与英语课程进行全面的融合，迈向了逐步成熟的阶段。

伴随网络即时通信技术的发展，在线实时异地交流也得以实现。网络和交互性成为这一阶段教学媒体最大的特点与优势。学生不仅能在课外时间与教师随时进行互动，还能与其他学生进行互动。对于英语学习来说，主动的过程就是学习的过程。此外，网络为英语学生提供了最新的、与现实社会“无缝对接”的学习资源。其中，专题学习网站和多媒体网络课程等提供了系统化设计的集成语言学习资源。在这一阶段，基于计算机网络的信息技术与英语课程整合的理论研究和方法探讨引起了人们的关注，许多专家、学者纷纷撰文发表自己的观点。有学者从学术视角探讨“网络化多媒体英语教学”的理论内涵和学科定位，把我国方兴未艾的大学英语网络多媒体教学事业的理论探索引向深入。计算机技术日新月异，其功能也有了跨越式的发展，已远远超出辅助的功能。未来的发展趋势是传统的计算机辅助教学模式逐步演变成计算机主导教学模式，计算机可扮演多种角色，既可作为教师和学员，又可作为学伴和同学，使英语教学真正做到虚拟化、个性化和自主化。

随着讨论的深入，“以学生为中心”的教学结构逐渐在英语教育界形成共识。但是，如何在具体的英语教学实践中坚持“以学生为中心”，处理好课堂教学与课外学生自主学习的关系，不少教师此认识还相当模糊，对此感到困惑，因而教学比较盲目。有学者发表论文，对“教师中心”与“学生中心”各自的理论根源、特点进行探讨和分析，并根据师生在教学中地位的变化，总结出以下五类英语教学的模式。第一，教师中心模式。教师是主体，学生是客体。第二，学生中心模式。学生是主体，教师是客体。第三，以教师中心为主、学生中心为辅的模式。教师是主导，学生是主体。第四，教师和学生都可以成为主体的模式。这种模式既可以教师为中心，又可以学生为中心，究竟谁是主体，要根据在教学活动中师生的具体作用而定。第五，教师中心与学生中心结合的综合模式。教师与学生互为主体，即双重主体。在理解了谁应该为“中心”后，还必须考虑另外一个不可或缺的因素——环境，特别是基于信息技术的教学环境。这里所说的信息技术教学环境是硬件、软件和人机环境三者有机组合的综合系统。在此系统中，各要素相互作用而产生一定的教学效果。在实际教学实践中，随着师生间相互作用的变化及教学信息内容的增减，会产生不同的教学模式。正是在这样一个关键节点，这位学者进一步指出，计算机的作用已远远超出其辅助的功能，它已经融入人们社会生活的方方面面，英语教学也不例外。

在英语学习领域，学生与计算机的结合可被视为一个人机社会。从生态学的角度来看，当学生和计算机处于人机社会的系统中时，计算机不应当被视为物而被排除在这个生态系统之外，其应是这个生态系统中生物链的重要组成部分。有学者认为，计算机网络与英语教学的全面整合至少带来三大突破：一是打破课本知识为唯一来源的局限；二是创设理想的英语学习环境；三是改变传统的教学结构。可以说，在这一阶段，我国广大英语教育工作者对于信息技术与英语课程整合的探讨进入了深层研究的时期，在促进学生的英语水平、提高英语教学质量等方面取得了进展，但是，在这个阶段的教学实践中也存在着有待进一步思考的地方。一是学生信息素养薄弱的问题。在信息技术教学环境中，学生身边充满各种各样的信息浪潮和信息媒体，但是，学生利用信息技术工具获取信息、分析信息的能力却相对较低。在进行自主学习等相关学习活动的时候，学生会不由自主地偏离语言教学主题而进行一些其他活动。例如，在网络课堂教学时，有些学生会浏览与教学内容无关的网页；有些学生甚至将游戏程序装到所使用的计算机上，把“英语学习中心”当成“游戏室”；还有些学生在要求用英语进行在线交流时，在计算机的互动框中输入中文信息，偏离了英语会话的教学目的。二是新的教学模式与传统教学管理系统失调的现象。以教师为主导、学生为主体的大学英语教学模式强调信息技术与课堂面授相结合。然而，学校的教学系统，包括教学理念、方式、手段、评估等比较传统，教师感到困惑，从而出现了许多教学变体模式。尽管这些变体模式有一定的可取之处，但以教师为中心的传统教学模式没有变。

综上所述，我国英语教学模式的研究紧跟国际步伐，呈现繁荣发展的趋势。不管采用哪种教学模式，最基本的目标都应该是激发学生学习英语的强烈兴趣，创造良好的英语学习环境，提供丰富的语言学习资源，重视学生的学习策略，帮助学生树立“在做中学”的学习理念，使之善于解决学习中的困难。一定要防止出现以下两类极端的教学模式。一类是教师绝对控制的模式。虽然教师借助了信息技术工具开展教学活动，但是信息技术只是辅助教师“教”的演示工具。在这类模式下，教师的教学由以前的“填鸭”式变成了“机灌”式。另一类是学生绝对自主的模式。教师虽然为学生设计了很多任务，如让学生分组讨论、上网查询资料、分析资料、进行成果汇报等，以便促进学生自主学习。但如果教师对各项活动的指导不够，学生的自主学习就会几乎处于“放养”的状态。因此，在计算机、网络、多媒体等信息技术进入大学英语教学生态系统之后，我们需要重新认识教学四要素——教师、学生、教学内容、教学媒体之间的关系，将信息技术与英语课程进行有效的整合，因地制宜地建构符合英语教育学科特点和英语学习认知规律的信息技术环境下大学英语多元互动教学模式，全面提高学生的英语综合应用能力、跨文化人际沟通能力和自主学习能力。

二、大学英语教学模式改革的理论基础

大学英语教学模式的改革主要体现在教学理念、教学方法和教学手段等方面的转变。鉴于以教师为中心、单纯传授语言知识和技能的英语教学模式给英语教学带来的负面效应，要改革传统教学模式，新的大学英语教学模式应为基于计算机和课堂的英语多媒体教学模式。多媒体网络技术在英语教学中发挥了重要的辅助作用，但教学理念对组织课堂教

学模式的重要性也不可忽视。一般来说，建构主义思想是大学英语教学模式改革实践的重要理论基础。建构主义（Constructivism）是学习理论中行为主义到认知主义的进一步发展，在建构主义学者看来，学习是一个意义建构的过程，而不是对知识的记载和吸收；学生是意义建构的主体，学习是人们依靠已有的知识去建构新知识；学习既是个性化行为，又是社会性活动，学习需要对话和合作；学习高度依赖于所产生的情境。与此同时，建构主义也强调以学生为中心，要求学生由外部刺激的被动接受者和知识灌输对象转变为信息加工的主体、知识意义的主动建构者；要求教师由知识的传授者、灌输者转变为学生主动建构意义的帮助者与促进者。因此，基于建构主义的教学模式应重视四种学习方式——自主式学习、探索式学习、情境式学习和合作式学习，强调学生对知识的主动探索、主动发现和对所学知识意义的主动建构。

（一）大学英语多媒体教学模式的建构

建构主义理论为多媒体网络教学实践提供了强大的理论支持，多媒体网络教学是贯彻建构主义学习思想的较为先进的教学模式。计算机网络的迅猛发展以及随之而来的信息化手段的广泛应用使英语教学活动可利用的时间及空间得到了极大拓展，由全球互联网提供的取之不尽的教学资源也为英语教学新模式的构建增添了多种可能。如何基于建构主义的教学理念有效地发挥计算机网络教学的优势，处理好课堂教学与计算机网络教学之间的相互联系已成为英语教学的核心问题。有学者指出，为了顺应这种变化，在多媒体教学模式中，英语教学应分为课堂教学和计算机网上自学两种相互补充的方式。多媒体教学不是提高教学效率的唯一途径和手段，教师不能一味地追求现代化的教学手段而完全放弃传统的教学方法。目前，在我国大学英语教学中，全面推广基于计算机网络的自主学习模式的条件尚不成熟，单纯凭借这种新教学模式很难完全解决当前大学英语教学中的突出问题和矛盾，新教学模式无法马上担负起大学英语教学改革赋予的历史重任。应结合大学英语课程设置，对大学英语课程进行科学合理的整合，确保大学英语教学质量逐步得到提高。

（二）教学模式与多媒体网络技术的结合

建构主义理论的核心是以学生为中心，强调学生对知识的主动探索、主动发现和对所学知识意义的主动建构。教学过程应是教师与学生交流与互动的过程，是教师与学生、学生与学生、学生与社会的互动过程。基于建构主义的教学模式应重视四种学习方式，即自主式学习、探索式学习、情境式学习和合作式学习。以现代教育信息技术为基本手段和途径，新的大学英语教学模式包括学生、教师、教学信息、学习环境四个要素，它们相互作用、相互联系，形成稳定的网络多媒体教学模式。

三、大学英语教学方法

英语教学方法是一个研究英语教学理论和教学实践、英语教学过程和教学规律的学科。长期以来，英语教学界最为重视的就是教学方法。在其他条件等同的情况下，不同的教学方法会导致不同的教学效果。随着时代的发展，外部整体的学习环境发生了很大变化，教学模式也得到了相应的改革，学生可以不再像以前那样完全依赖学校或者教师的授课，英语学习朝着个性化、主动式学习的方向发展。教学中若没有相应的教学方法，教学内容就不能很好地传授，教学目的也就难以达到。

在高新技术迅速发展的今天，社会对于英语人才的要求越来越高，学生不仅要有扎实的英语语言知识，还要具备良好的英语综合素质和交际能力。因此，为了顺应变化的学习环境和教学模式，满足新形势下英语人才的培养需要，我国大学英语教学的当务之急就是改革某些陈旧的教学方法，创造新的教学方法，寻找最优教学法。寻找最优教学法就是寻找适应特定的社会环境、教学环境、教学对象、教学目的和要求的教学法，其能在充分发挥现有条件的基础上达到最好的教学效果，而不是追求统一的、唯一的方法。任何教学法都有其产生的特定背景，并不能服务于所有教学目的，也不能适用于各种学习阶段，能达到最好的教学效果的方法就是最优教学法。各高校在选择教学法的时候，要充分考虑学校教学环境、教学设备、学生整体水平以及师资力量等客观因素，结合教学目的与任务、教学内容、教学组织形式等教学基本成分，对现有的英语教学法进行重新组合与搭配。

（一）大学英语传统教学法

教学法是英语教学中的一个重要成分，是为完成教学任务，确定教师怎样教，学生怎样学，以及实现师生相互作用所采用的方式、手段和途径。英语教学法是一定历史背景和社会环境的产物，是由不同的教学阶段以及教学要求决定的。不同的英语教学法都产生于改革英语教育的实践，受制于英语教育的目的，不同的英语教学法并非相互对立的，而是长期相互依存的。各类英语教学法在见解方面相互借鉴，理论内容互相融合。一方面，英语教学法总是处于批判、继承、发展、创新的过程中，正是这种历史继承性使综合与折中的趋势有了存在发展的可能；另一方面，大学英语教学改革是与时俱进的，是时代发展的要求。因此，可以说大学英语教学改革不是照搬外国的理论，而是以大学英语教学方法运用的现状与时代要求为立足点，选择一种既符合我国大学英语教育教学现状又符合时代需要的英语教学方法。由于受不同语言学基础和心理学基础的影响，早期的传统教学法往往比较注重语言结构和语言规则的掌握，而相对后起的一些教学法，如交际法则比较注重语言意义和语言功能的掌握。我国大学英语教学中正在使用的几种有代表性的方法为语法翻译教学法、情境教学法、交际教学法、任务型教学法、直接教学法。

1.语法翻译教学法

语法翻译教学法始于18世纪，是我国早期大学英语教学主要采用的方法。语法翻译教学法强调学生母语在教学过程中的重要作用，强调母语和英语的共同使用，认为将母语与英语的异同挖掘出来有助于学生更加明确地理解英语。现代语法翻译教学法主张以语法为语言的核心，将其作为英语学习的主要内容，教师只需具备英语语法基础知识和母语与英语互译的能力就可在语法理论的指导下开展教学。课堂教学以教师讲解为主，学生被动接受，使语法为阅读教学服务。语法翻译教学法把口语和书面语分离开来，把阅读能力的培养当作首要的甚至唯一的目标。因此，语言知识的提高、词汇的理解、语法的变化成了课堂的教学重点。在教学中，翻译既是手段又是教学目的，对语法学习的强调、对理性知识的重视虽然加深了学生对英语语言的理解，对阅读、翻译、写作等方面的培养行之有效，但是围绕着语法规则的记忆与机械性操练依然占据着首要位置，学生运用英语进行口头、书面交际的能力仍然比较薄弱。

2. 情境教学法

情境教学法也叫视听法，主要针对听说法脱离语境、孤立地练习句型、影响学生有效使用语言的能力的培养问题。情境教学法是教师根据课程所描绘的情景，创设出形象鲜明的投影图片，辅以生动的文学语言，并借助音乐的艺术感染力，再现课文所描绘的情景表象，师生就在此情此景中进行教学的一种情景交融的教学活动[①]。

在情境教学法中，语言被看作与现实世界的目标和情景有关的有目的的活动。情境教学法能够激发学生学习英语的积极性和热情，帮助学生更为准确和牢固地完成对英语知识点的记忆。学生通过获得有价值的感性材料，实现英语教学理论与实践的有机结合，为英语的语言知识学习提供良好的条件。情境教学法的不足之处是在其运用过程中强调通过情景操练句型，在教学中只允许使用目标语而完全排除母语，这不利于对语言材料的理解和运用。如果教师过分强调整体结构感知，就无法保证学生对语言项目的清楚认识。

3. 交际教学法

交际教学法由英国语言学家威尔金斯（D. Wilkins）提出，其历史可以追溯至20世纪60年代。威尔金斯指出语言交际能力不仅包含语言知识，还应包含语言运用的能力，尤其应该注意语言运用的得体性，它包括对交际时间、交际场合、交际话题、交际方式等诸多因素的灵活把握和运用。交际教学法使语言教学观发生了革命性的变化，在英语教学中发挥了巨大的作用。它提倡以语言功能项目为纲，强调在语言运用中学习语言，从而实现培养交际能力的教学目的。交际教学法能够在师生共建的课堂互动模式中给学生提供更多使用语言的机会。在继承传统教学

---

①王真真．情境教学模式在大学英语词汇教学中的应用研究[D]．西安：西安外国语大学，2017.

法合理成分的基础上，交际教学法将学生能够运用英语的语言能力作为学习目的。交际教学法强调交际的过程，认为有没有一个具体的目标和明确的结果并不重要。

交际教学法认为语言是实现交际目的的手段，但是仅仅具有听、说、读、写能力并不一定就能准确表达意念和理解思想，因为语言的交际功能受制于语言活动的社会因素，教学过程就必须交际化，所以就意味着要尽可能地避免机械操练，而应该让学生在真实的或接近真实的交际场合中进行练习，感受情景、意念、态度、情感和文化修养等因素是如何影响语言形式的选择与语言功能的发挥的。因此，教师应借助课堂或者多媒体教学，多为学生创造、提供交际情景和场合，在真正意义上实现“用语言去学”和“学会用语言”，而不是单纯地“学语言”，更不是“学习关于语言的知识”。

4.任务型教学法

任务型教学法是在20世纪80年代交际教学法被广泛采纳的情况下产生的，它是交际教学法和第二语言研究两大领域结合的产物，代表了真实语境下学习语言的现代语言教学理念。

任务型教学法是教师通过引导学生在课堂上完成任务来进行教学的方法，强调“在做中学”，是交际教学法的延伸和发展，其教育的重心从教科书和教师转到学生，教师引导学生在各种语言任务中学习。在课堂教学活动中，教师围绕特定的交际项目，创设出目标明确、可操作的任务，学生通过表达、交涉、解释、沟通、询问等多种活动形式完成任务，达到掌握语言的目的。任务完成的过程就是巩固旧知识、学习与运用新知识的过程，从而达到学习语言和掌握语言的目的。任务型教学方法综合了多种教学法的优点，与其他教学法互相补充、相互完善。通过完成多样化的任务活动，学生的学习兴趣被激发，语言技能和语言知识也得到了发展，这对培养学生的语言综合能力大有裨益。这一教学法与传统的语言操练完全不同，任务型教学法充分体现了以学生为中心、以实现语言运用为目的的教学理念。

5.直接教学法

直接教学法起源于19世纪末期，法国拉丁语教师古安（Gouin）于1880年发表了他的一本重要的著作《语言教学艺术》。古安称自己的教学方法为“直接法”，亦称“自然法”，主要指在教学和学习过程中不依赖于学生的本族语，而是通过思想与外语的直接联系组织教学。这一教学方法后来改名为“直接教学法”。古安发明“直接法”有着相关的背景。他去德国学习德语时，采用了他教授拉丁语的方式。他花了较多的时间记忆语法规则和不规则动词，结果在课堂上他还是很难听懂德语。然而他发现儿童学习德语则非常快，他们并没有按照语法翻译法那样先学规则，后学单词，然后遣词造句。在观察的基础上，古安发明了一种学习句子的方法，即每个句子先通过听，然后通过看和动手写来巩固。整个教学均与动作相联系，与日常生活有关。这一方法与“语法翻译法”在三个方面产生了较大的差别，并给人一种新的感觉：一是教学内容不再是古板的书面语，而是生活中遇到的语言素材；二是强调了直观的教学方式，使教学形式更加活跃，有利于提高学生的学习兴趣；三是突出了听和说的语言实践。

然而，进一步推动和使直接教学法得到普及的是贝力兹（M. D. Berlitz）、帕尔默（Palmero）和伯利兹（H. E. Berlitz），其教学思想主要反映在以下几个方面：

第一，培养口语能力，以达到用英语思考的境界为主要教学目的。

第二，采取英语单元教学，完全不使用学生的本族语。

第三，采用在教师引导下进行会话、问答为主体的教学形式。

第四，有计划地，而非随意地选择词汇，选择标准是词在口语交际中的使用频率。

第五，语法在语言教学中不再起主要作用，将语法教学放置在一个次要的位置。

伯利兹的教学思想通过在美国开办了一所语言学校得到体现。对直接教学法的发展起到重要作用的是帕尔默。与伯利兹不同的是，帕尔默一生发表了较多的论著。这些论著可分为两类：一类阐述他的教学思想和理论，主要有《科学的语言教学》《语言学习原则》等；另一类是教学用书，如《英语口语常用句》《英语口语语法》《在活动中学英语》等。他的论著和教学用书较全面地体现了其教学思想，可概括为以下五点：

第一，语言学习的实质是形成习惯。需要重视语言活动的流利性，尽可能避免错误的出现，对错误需要及时纠正。

第二，强调自然学习能力和正规学习能力的融合，两种能力的兼顾才是有效的教学方法。

第三，在英语学习的初级阶段，需培养学生潜在的自然学习语言的能力，重点是听力理解、音标教学、语音训练等。

第四，重视英语教学的顺序，提出了“五个先于”的原则。即口语先于书面语、理解先于表达、流利先于准确、句子先于单词、实例先于规则。

第五，应该采用多元化的教学手段，吸取各种教学思想、教学方法之所长。

伯利兹和帕尔默的教学思想得到比较广泛的接受，并在一定的范围内付诸实施。可以说直接教学法的普及与伯利兹和帕尔默有着直接的联系，同时与当时的历史环境以及人们对英语的需求发生变化有着必要的联系。随着社会的发展，不同民族之间的交往要求人们能够用英语交流。这种对口语的需要是产生直接教学法的社会背景。此外，人们对语言所产生的新认识，也促使英语教学采取新的实践方式。

（二）英语教学活动中多种教学法的综合运用

大学英语教学在方法上越来越趋于多样化、折中化、本土化、学生中心化和学习自主化，这些变化促进了我国的大学英语教学改革。大学英语是一门实践性极强的课程，它需要一定的知识传授，更需要活泼、较为真实的课堂教学氛围以及作为英语学习主体的学生的积极参与和大量的交际实践。教师的“教”和学生的“学”是教学的两个重要环节，需要教师和学生共同参与。那么，如何在师生共建的课堂互动模式中，有意识地创造各种语言环境，积极调动学生学习英语的积极性，让学生正确地使用英语知识去表达、交流思想和传递信息，是英语教学法要解决的首要问题。但是英语教学法的运用不是固定的、排他的，这就要求教师在教学过程中灵活地选择有效的英语教学法，在以计算机、多媒体和网络为辅助手段的基础上，穿插使用不同的教学法。这会充分调动学生学习英语的主观能动性，有助于教师及时对教学过程进行调控，同时可以加强学生与教师之间的沟通，帮助学生更好地提高自身的语言能力。

教师对教学法进行选择时应注意兼顾三个原则，即知识的体系性、任务的多样性、情境的真实化。大学英语的教学目标是培养学生的英语综合应用能力以及用英语进行交际的能力。交际能力由语言知识和交际知识组成，语言知识的积累可以提高交际能力，交际实践可以巩固学到的语言知识，并进一步促进交际能力的提高。语言知识的学习是基础，最终也是为语言交际服务的。教师在开展教学的过程中可以参照语法翻译教学法，先讲授词法，再讲授句法；采用演绎法讲授语法规则，再举例予以说明；语法练习的方式一般是将母语句子翻译成英语。此外，要强调母语和英语的共同使用。在课堂上，教师适当地使用母语进行解释，尤其是针对具有抽象意义的词汇和母语中所没有的语法现象，既省时省力又简洁易懂；将英汉两种不同的表达方式进行比较，可以提高学生正确运用英语的能力。运用教学法调动学生的学习兴趣是保证教学质量的关键，因此在教学中教师应该确保学习任务的多样性。

教师在设置任务的时候要以激发学生学习兴趣和成就感为出发点，围绕特定的交际和语言项目，设计出具体的、可操作的任务，让学生在任务的驱动下学习语言知识并进行技能训练，在感知、认知知识的过程中达到学习和掌握语言的目的。活动可围绕教材但不限于教材，要以学生的生活经历和实际交际活动为参照，不仅要有利于学生英语知识的学习、语言技能的发展和运用能力的提高，还应有利于促进英语学科和其他学科之间的相互渗透与联系，使学生的思维能力、想象力、协同创造精神等综合素质得到提高。比如，上课前，教师可以要求学生利用课余时间通过图书馆、网络等媒介查阅相关资料，了解本单元的中心主题；

组建学习小组，引导成员之间互相检查、记忆教材内容或者根据课程内容提前安排小组排练表演并进行课堂展示等；在课堂上鼓励学生积极参与到各项学习、讨论、陈述中。学习任务包含有待实现的目标和需要解决的问题，从而激发学生对新知识、新信息的渴求。这样，学生通过实施任务和参与活动，就能促进自身知识的重组与构建，摄入新信息并与已有的认知图式进行互动、连接、交融与整合。在教学中，教师应通过模拟真实情境来拓宽教育空间，强化参与意识，从而提高教学效果。

传统的课堂教学被局限在教室中进行，现代信息技术的广泛应用使教育空间的拓展成为可能。教师可以在课堂教学中借助多媒体教学设备，为学生创设真实的语言环境或模拟情境，使学生在模拟的情境中完成语言知识的学习，在实践中提升交际能力。传统教学法的弊端之一就是使学生产生一种距离感，形成“你讲我听”的被动状态。而在情境教学法中，由于教师根据教材和心理理论创设了有关情境，从而缩短了师生的心理距离，强化了学生积极参与的意识。情境教学法强调在英语教学中充分利用生动、形象、逼真的意境，使学生产生身临其境的感觉，利用情境中传递的信息和语言材料，激发学生用英语表达思想感情的欲望，促进学生的语言能力及情感、意志、想象力、创造力等的整体发展。情境教学法的教学实践是以课堂教学为主线，综合运用多种方法创设真实语言情境，营造英语氛围的。教师可以鼓励学生在课后使用视听设备和语言实验室来观看英语电影、收听英语广播、收看英语电视节目等，使学生掌握地道的英语语音、语调和了解西方的文化背景。情境教学法既能突破传统英语课堂教学的狭隘性、封闭性，拓宽教学空间，又能引起学生的兴趣，唤起学生的参与意识，提高教学质量，是一种切实可行的教学法。教学要以培养语言技能和交际能力为主，采用多种交际场景，保证交际的趣味性。

在实际教学中，教师应该仔细研究各种教学法的特点，熟悉并掌握其中的技巧，不能盲目地推崇某一种教学方法，否定另一种教学方法，应根据教学活动的具体情况综合使用各种教学法。事实证明，没有一种教学方法是万能的，过多地依赖或推崇某一种教学法的做法往往会在具体的教学实践中产生某种偏差。大学英语教学大纲要求教师不仅要向学生传授语言知识，训练其语言技能，还要培养学生运用英语进行交际的综合能力。这一要求是立体的、多层次的，而当前大学生获取知识的渠道多样化，自学能力强，所以教师在教学中必须秉着客观、实事求是的态度，结合学生的实际情况以及现有的教学资源，选择合适的教学法，从而有效地开展大学英语教学。

第二章 影响大学英语教学效果的因素

教学效果是高校教育质量的根本，其影响因素是复杂多样的。研究者认为要探讨教学效果的影响因素，离不开对影响学习结果的要素的探讨。斯恩特（Stern）曾在《语言教学的基本概念》一书中探讨影响和制约学习过程的诸多要素。他将这些要素分为社会环境（social context）、学生特征（learner characteristics）、学习条件（learning conditions）和学习过程（learning process）。其中，社会环境包括社会语言学、社会文化习俗和社会经济因素等；学生特征包括年龄、认知特点、情感特征和个性特征等；学习条件是指教学目标、教学内容、教学手段、教学材料及教学评价等；学习过程指学习策略、学习技能、思维运作过程等。社会环境通过学生特征和学习条件制约着学习过程，而学习过程最终决定学习效果。

第一节 教师因素

教师是高校教育教学中“教”的主体，在整个教育过程中发挥着主导作用，对学生课堂的学习质量有着最直接的影响。杨先明、徐晓红认为，教师对教学质量影响的因素有教师自身业务水平、职业精神、教学水平、理论水平、创新能力和精神等。尹明忠认为，教师的职业道德、个性特质、思想观念、知识能力及其他相关能力是影响教学效果的重要因素。他指出国外研究表明，教师的个性特征对教学效果有着非常明显的影响，热情洋溢、善解人意、富有效率和想象力的教师的教学效果远比那些个性冷漠、散漫，行为轻率且单调乏味的教师要好得多。教师的思想观念包括教师的知识观、教学观和师生观。掌握科学的思想观念，创建学习共同体和融洽的师生关系，能从根本上保障教学质量。教师的知识能力包括科学和人文素养、工具性学科知识和技能、教育学科知识技能、专业知识和技能。这些知识和技能对教学效果的影响是根本性和基础性的。其他相关能力包括管理方式和能力、交往意识和能力等①。

杨春辉认为，教师的专业化程度，教师的教学设计和理念、课堂教学技巧和教学风格都是影响教学质量的重要因素。教师的专业化程度是指教师对一门学科知识的充分把握和正确的知识传授；教学设计是指教师以以往的教学经验为依据，在目前教学目标的引导下制定的可行的教学计划；教学技巧是指教师在教学过程中能根据学生的具体情况组织实施教学；课堂教学风格与教师的教学技巧、个人的性格和行为表现力等都息息相关。教师在教学中要关注学生，提高专业化程度，教学技能多元化，形成自己的教学风格，为学生创造一种宽松、愉快的学习环境，营造一个有利于学生学习创新的自由氛围。

其实，上述研究中的影响因素可以总结为教师的智力因素和非智力因素。智力因素主要指教师的知识结构和创造力，包括专业理论和基本知识、教育科学理论和基本知识，以及相关学科的理论和知识等；非智力因素主要包括智力因素之外的心理因素，如性格、动机、信念、责任感、求知欲、热情、毅力等因素。

近年来，很多研究开始探讨教师的非智力因素对教学效果的影响，如杨玮丽认为非智力因素中教师的性格是影响教学质量的一个重要因素，教师应调整自己的情绪和性格，以便更好地促进教学质量的提高。她认为，在民主型的教师的教导下，学生性格不会压抑，其情绪开朗、

①赵乐芳. 教师教学风格对大学英语教学效果的影响[J]. 山东商业职业技术学院学报，2016，16(06)：56-58.

性格活泼，对教师、同学态度好，又自信。在放任型的教师的教导下，班集体松散，缺乏核心，是非观念不清，同学间缺少有组织的活动，学生易形成自由散漫，缺乏友爱、不守纪律的习惯。在“过分权威”的教师教导下，由于意见压制，学生会有虚伪、圆滑的性格，教师在一个样，教师不在又是一个样，极端的会形成师生对立，产生反抗性格。教师要善于调整自己的性格和情绪，用生动、活泼、风趣的语言，让学生在不知不觉中全身心投入学习。喻平则认为，教师的认识信念系统对教学有重要影响。教师的认识信念系统是一个涉及知识信念、认知信念、文化信念、学习信念以及对信念的自我调节等因素的复杂结构。教师认识信念的形成受到个体的学习活动经验、科学观和社会环境的影响。教师的认识信念会对自我的教学理念、教学设计、教学行为、教学组织以及教学评价产生直接影响，同时教师又会通过教学过程将自己的认识信念传达给学生，对学生的学习产生间接影响。陈丽华提到，国内外不少研究表明，教师效能感，即教师对自己影响学生学习行为和学习成绩的能力的这种主观判断，会影响学生学习的积极性、学习兴趣、学习态度、期望价值、自我效能和情绪情感，从而影响学生的学业成就。

除了智力因素和非智力因素外，刘红云、孟庆茂对高校181名教师的教学效果进行了调查，用多层次分析法对教师背景变量，如教师性别、年龄、学历、职称、所教专业、年级、班级大小以及课程类别对教师教学效果影响程度进行了分析。研究结果表明，在教师背景变量中，教师性别、学历、专业以及所教班级的大小对于教师教学效果评价没有显著影响；教师职称、年龄、所教学生年级、课程类别对教师的教学效果有显著影响。

第二节　教学内容

我们经常会听到有教师在听完别人的课说，这节课上得很热闹，气氛很活跃，却不知道学生能学到什么。这就是教学内容的问题。合理的教学内容是保证教学效果至关重要的一环。编写教材如果不能及时更新内容，也会致使学生兴趣受挫，影响教学效果。

目前，对于大学英语教学内容一直存在工具性与人文性之争，抑或是内容驱动还是语言驱动之争。目前，针对教学内容改革有三种主要观点：一是大学阶段英语教学内容为专门用途英语；二是大学阶段英语教学内容为普通英语叠加通识教育类英语；三是大学阶段英语教学内容重点在于以英语为教学语言推广通识教育，涵盖通用英语、专门用途英语、学术英语等内容，即普通英语、专门用途英语、通识教育类英语共存。蔡基刚认为，大学英语教学应当考虑对学生的文化素质培养和国际文化知识的传授，但和培养外语工作者的英语专业不同，大学英语首先是工具性，即其是获取信息的工具和国际交往的工具，因此主要是语言实际应用或工作。我国大学英语教学必须从普通英语教学、一般英语技能的培养转变到专业英语教学上来，帮助学生用英语作为工具，在专业学习和工作上做好语言准备。提倡通识教育的人则认为，外语不仅是工具，更是在语言的载体中包含了极其丰富的人文性。语言一旦用于交流或者交际就必然承载信息、思想或者情感等诸方面的内容，这些内容从各方面体现了人文性、人文学科的特征。吴鼎民、韩雅君所说的通识教育与王哲、李军军的观点趋同，他们从提出在普通英语教学中融入通识教育，提高学生素养，发展到构建“三套车”的内容框架，提出将英语语言、中外文化和多学科知识融为一体，而多学科知识的获取就是通过专门用途英语教学来达成的①。

除理论探讨之外，研究者认为，外语教学中需求分析是确定教学内容的有效手段，大学英语学生的需求分析对我国大学英语教学的定位有着举足轻重的作用。在这个理念的基础上，不少研究者试图就“何为合适的大学英语教学内容”这一问题，以问卷调查、访谈等方式对用人单位和学生进行调查，了解社会对英语人才的需求，以及学生的实际需

①雷晶．大学英语课堂教学效果的影响因素与优化策略研究[J]．文化创新比较研究，2019，3(32)：158-159.

要。研究者对用人单位的调查涵盖了事业单位、民营企业、中外合资企业、个体及私营公司等。调查结果大都表明，用人单位要求英语毕业生的英语具有较强的实用性和针对性，社会需求的英语人才是英语口语好、交际能力强、业务能力强，是专业技术与英语能力均强的“双料”人才。可见，“英语口语好”“懂与工作相关的专业外语”成为用人单位的首要需求。针对学生的调查显示，他们对目前的大学英语教学内容并不满意，或者因为目前的大学英语教学内容重文学和语言知识，与中学所学内容重复多；或者因为教学内容以通用英语为主，与专业无关，而学生却表现出对专业英语教学浓厚的兴趣，希望能把专业英语课程和通用英语结合起来，以专业英语为导向。上述研究表明，无论是用人单位还是学生自身，都期望大学英语教学能够依托专业内容进行语言教学。我国大学英语教学应该根据社会发展的需求和学科发展的需求，逐步实施以内容为依托的专门用途英语教学。那么，大学英语教学内容改革究竟该何去何从？束定芳提出，大学英语教学内容不应该是千篇一律的，由于各个学校的办学层次不同，学校定位不同，培养的人才规格不同，对英语教学的定位和学生的要求也应该不同。各高校可以根据各自的具体情况进行具体分析，进行社会和个人需求调查，确定自己的教学目标和教学内容。张珊珊认为，为实现我国高等教育的中长期人才培养目标（培养国际化人才），高等院校可以将普通英语教学、通识教育类英语教学、专门用途类英语教学、双语全英专业课程类教学组成大学阶段英语教学内容体系，它们有各自独特的作用，又相互关联、相辅相成。普通英语教学为通识教育类英语教学和双语全英专业课程类教学提供必备的英语水平；专门用途类英语教学在普通英语教学和双语全英专业课程类教学之间搭建桥梁，为双语全英专业课程类教学提供专业词汇、文献阅读和论文撰写等方面的培训；通识类英语教学和双语全英专业课程类教学为培养国际化人才直接服务。因此，这四个教学类别不存在取舍的问题，都应予以保留并各司其职。

第三节 教学方法

教学方法是教师为完成教学任务所采用的方法和手段，是教学活动的实际呈现形式，直接影响教学效果。外语教学是一个有目的、有计划、有步骤的教学过程，在这一过程中所进行的各种教学活动，都是在一定教学方法思想支配下组织和实施的。不少学者认为我国外语教学多年来处于费时低效的状态，落后的教学方法是造成这种局面的一个重要原因。再好的教学内容或材料，若教学方法不对路，学生就不会产生学习兴趣。教学方法与教学观、教师观、学生观、人才观、质量观有着密切的联系。教学方法也可以视为路径，有明显的导向，关系到把学生引向何方，把学生培养成什么样的人。那么，如何采用合适的教学方法提高教学效率是举足轻重的问题。人们普遍认为，如果教学方法符合教学的客观规律、教学得法，教学效果就好；反之，就收效甚微，达不到预期的教学效果。

综观外语教学法的历史，其发展和演变经历了一个曲折漫长的过程。近百年来，外语教学法呈现出众多的流派，如语法翻译法、直接法、视听法或情景法、认知法、功能法、交际法、启示法、沉默法以及20世纪80年代以来发展起来的任务教学法。其中，语法翻译法距今已有300多年的历史，是外语教学中最古老、影响最深远的一种外语教学方法，至今在我国仍然大量使用而且相当成功。它采用灌输式，以语法为路径，以句型为本，以教师为课堂教学的中心，注重语法知识的掌握，有利于培养学生的阅读理解能力和写作能力；但其局限性在于重书面、轻听说，不利于语言综合运用能力的提高。影响我国外语教学相当长时间的另一种教学方法，当属交际法。它的基本观点是强调语言的意义，而不是结构，强调语言的功能，而不是形式；语言学习的目的就是学习交际能力（有效和得体地运用语言系统的能力），流利性与可接受性是语言教学的主要目标；主张利用真实材料进行教学，重视语境意义和篇章话语教学；主张教学过程交际化；认为学生是学习的主体，教师的作用就是以任何方式激发学生学习。交际法采用互动式，以情景为路径，以功能为本，以学生为语言活动的主体，对于培养学生的交际能力有很大的帮助。任务型教学法是对交际教学法的发展和完善，提倡通过交际来教，而不是为交际而教，教师设计任务，使学生运用已学知识和新学知识，开展合作，完成具有挑战性的任务。虽然交际教学法和任务教学法重视学生综合语言运用能力的培养，改变了过分重视语法和词汇知识的传授方式，但在大班教学的情境下，其存在一定的实施困难。

事实上，外语教学法的发展有其自身独特的客观规律，它同社会的变迁，同人们学习外语目的改变，同有关学科的进展以及先进教学设备的问世等因素都密切相关，它是一定历史条件的产物，它们各有自己产生、存在和发展的原因与基础，也各有自己的理论根据、教学思想和教学任务，它们各在某一点或某几点上观察得细致、论证得充分，表现出自己的独到之处，但同时往往在另一方面又都有所忽视。换言之，每一种教学法都各有其优缺点。没有哪一种教学方式是完美或者接近完美的，每种教学方式都有其具体适宜的“土壤”环境。广大外语教师和外语教学法的研究者逐渐意识到，没有哪种方法可以从根本上解决外语教学的所有问题，无论是定性的还是定量研究，都未能提供一种被普遍认为是最佳的外语教学方法，因此当前外语教学法的理论研究与实践探索总体上呈两大趋势，即理论的折中化和实践的个性化。在理论研究上，各种外语教学法逐渐显现出越来越明显的互取所长的倾向；在实践探索上，人们对各种外语教学法采取了兼容并蓄的态度[①]。

但即便如此，在教学活动中，教学法的选择和运用也有一条铁的定律，即它取决于两个方面的关键制约因素：一是教学目的和培养目标。方法是为达到目标和目的所采用的手段，不同的目的就决定使用不同的方法。二是教学条件与教学环境。客观条件与环境的不同，也影响着教学方法的选择。另外，即使采用折中的方法，将传统教学方法与新的教学方法结合起来，取长补短，这种结合也不是任意拼凑，而是要因时、因地、因人制宜地择优组合。

---

①杨旭．大学英语翻转课堂教学的影响因素研究[D]．重庆：重庆大学，2018.

第四节 教学条件

教学条件是指学校的整体教学环境，包括软件环境和硬件环境。宏观的软件环境包括社会和学校环境、教师、学生特点、人际关系等，本书中所说的软件环境是个狭义概念，是指教育技术软件的应用，硬件环境主要指学校的实验室条件和计算机装备条件等。教学条件与教师、教学理念、教学内容、教学方法等因素相互作用，共同影响教学效果。

外语教学条件的变化，可谓日新月异。教育技术在外语教学中的应用和发展与外语教学理念与流派的衍生具有紧密的联系。20世纪50年代，听说法的盛行带来语音室的大规模使用；在60年代，受行为主义的影响，基于操练的计算机辅助外语教学（CALL）开始出现，后来则被更智能、交互性更强的多媒体计算机辅助外语教学（MCALL）所替代；90年代，因特网的发展则带来以计算机为中介的网络辅助教学（WELL）的兴起。

一、计算机辅助教学

计算机辅助教学是根据计算机的多项功能和特点，使其代替或部分代替教师面向学生，促使学生实现有效学习的教学形态。从理论上讲，计算机辅助英语教学与传统教学相比具有很多优势，例如，在信息传递上更加形象化、个性化。图片、声音、视频和多媒体课件，较之书本、黑板、板书更能激发学生的学习兴趣；在教学模式上，打破了传统教学方法的束缚，使授课过程变得直接、清晰。计算机辅助教学中的人机即时交互性可使学生迅速地得到反馈，激发学习主动性。此外，交互式学习环境中学生可以按照自己的学习基础、学习兴趣来选择自己所要学习的内容，可以发挥学生的主动性、积极性、才能，获得有效的认知等等[①]。

---

①年玥，林晓燕，赵冰洋．“互联网+”背景下计算机辅助教学在高职英语课堂中的应用[J]．中国新通信，2023，25(07)：194-196.

谈言玲、严华回顾了十年间我国计算机辅助英语教学研究的开展情况，这些教学研究情况也反映了计算机辅助英语教学的开展情况。他们发现，在教育部课程要求的指导之下，广大教师在计算机辅助英语教学的理论探讨、机辅教学与传统课堂的对比、教师和学生的角色定位等方面展开了广泛研究，但这些研究反映出了很多问题。比较典型的两类问题是：第一，大多研究在重复性地关注传统课堂与计算机辅助课堂教学效果的对比，而探索在外语教学中如何更有效地使用计算机的行动研究很少。第二，对学习主体的研究较少。研究者多关注教学法、教学模式、计算机与具体课程（如口语、听力）的关系等，而较少关注影响学生学习的内因与外因、学生的心理认知过程、学生的培训、学生的策略选择等方面的研究。

而实际上，影响计算机辅助英语教学效能发挥的因素主要有三种，即环境变量、学生变量和教师变量。环境变量主要指学校本身的环境以及课室环境，如学校的计算机装备条件等。学生变量主要包括以下诸因素：学生的学习动机，学业的一般基础及成绩，对计算机辅助教学的兴趣及期望，学习的方式，使用计算机的能力以及性别、年龄等。在这三个变量当中，对教师变量的研究尤为突出。马俊波认为，教师的计算机水平直接影响计算机辅助外语教学效能的发挥。他采用问卷方法，调查了武汉地区四所高校的英语教师的计算机水平，对计算机辅助外语教学的认识，以及使用计算机辅助外语教学的现状，并根据调查结果提出了相关的建议。他的研究发现，大多数教师的计算机水平不高，属于自学成才，对计算机辅助教学具有一定的畏难情绪，只是偶尔使用计算机辅助外语教学；他们使用的课件比较单一，动手制作课件的能力较弱。何高大、范姣莲的研究也显示，教师对现代教育技术的观念理论水平与操作技能，直接影响学生的学习效果和教学效果。大部分教师运用现代教育技术的水平不高，目前其所使用的教育手段非常简单，课件缺乏教学设计思想，交互性和趣味性不强，有的课件仅仅是纸介教材的“平移”。王国良对湖北省三所高校的英语教师的计算机辅助英语教学效能感进行了调查，发现普通高校英语教师对于计算机辅助大学英语教学的作用和自己的计算机辅助大学英语教学的能力基本持有积极的、正面的看法与信念，但对计算机在教学中的使用还是存在一定的恐惧感。他认为，教师在计算机辅助英语教学方面的在职培训仍然匮乏。

从理论上讲，计算机在外语教学中的有效利用，能提高学生的兴趣，改善外语学习环境，提高外语教学质量，但在实践中是否如此，又存在哪些问题？何高大、范姣莲以湖南四所大学的学生为对象，对计算机辅助外语学习、学生对计算机辅助外语学习的态度、效果等问题进行了实际调查，结果发现，超过半数的学生认为计算机对外语学习应该有好的效果，他们对教师使用计算机辅助教学持肯定态度，但认为教师实际进行的计算机辅助教学效果不尽如人意。研究还发现，影响计算机辅助外语学习的因素依次为：缺乏外语学习资源，学校多媒体教室不够，硬件不够好，软件水平不高，缺乏整体的计算机辅助外语教学和外语学习的环境，缺乏真正意义的多媒体化课程和教材，缺乏教育资源信息化、超文本化、数据库化、可视化、智能化，教学形式多媒体化、网络化、自主化、个性化、多元化的高效外语教与学的模式。此外，学生的信息素质有待提高，学生对现代教育技术的认识和技能的掌握，直接影响其使用媒体的积极性。

二、多媒体与网络辅助教学

多媒体与网络辅助教学是计算机辅助教学的一种发展形态，是以计算机技术为主导、涵盖多种媒体的教学方式：一方面，教学主体借助多媒体光盘和网络教学资源获得学习内容；另一方面，教学活动中也会吸取并发挥包括图书、磁带、幻灯片、电子白板、CD等在内的多种媒体的特点和优势，形成合力。这一阶段的多媒体教学资源中还有了专为教师服务的电子教案、试题库、基于校园局域网的外语学习系统、基于校园局域网的考试系统（如外教社大学英语口试系统）、基于因特网的学习资源网站、基于因特网的教师培训网站等。

传统的“教师讲，学生听”的英语教学模式很难激发学生的兴趣和主观能动性。教师由于自身知识面的限制，能为学生提供的信息有限，无法满足学生的个性需求。相比之下，多媒体与网络辅助教学存在诸多优势。第一，网络辅助教学具有资源优势，教师可以充分利用网络获取资料，充实教学内容；外语课堂中最需要的是真实的语言、真实的语言环境。而把真实的语言引入课堂，创设真实的语言环境，恰恰是现代多媒体网络技术的专长。第二，多媒体网络技术能够使教学内容的呈现更生动、丰富，更易调动学习积极性。多媒体网络技术以音频、视频、图像、动画、文字等功能，利用二维、三维等技术手段将教材中静态图形以及隐含的运动变化因素动态化，并丰富其内涵，帮助学生更深入地了解事物的本质。多媒体网络技术还具有直观、形象、丰富多彩的特点，可以帮助学生进行多感官的学习，激发他们的好奇心和学习兴趣。教师在教学中利用信息技术作为呈现教学内容的重要工具，将教学内容以文字、声音、图像、动画等多种形式呈现并有机地集成，通过电子课件、网络等途径传递给学生，实现对教学内容和教育资源的有效整合，全方位地调动学生的感官，大幅度地激发学生获取知识的学习兴趣，逐步实现教学方法从传统走向现代的转变。第三，人与计算机之间，人与人之间异时、异地交互的特点突出，教师可以促进学生在自然、真实的交际环境中提高英语运用能力。教师既可以利用网络的广播功能进行班级集体授课，也可以通过点对点的操作与学生进行交流，实施有针对性的辅导，达到因材施教的目的。在多媒体网络教学系统中，教师可以及时收集反馈信息，不断改善课堂教学的协调性和适应性。教师还可以促使学生在网上参加英语学习论坛、聊天室、订阅新闻、参加竞赛、寻找笔友，引导学生进入虚拟的英语课堂，倡导合作学习，在网络空间享受丰富多彩的课外活动。第四，网络课程更新快，可以随时进行补充、修改、完善，也可以利用互联网更新内容，比传统教学模式先进许多。第五，网络技术在促进学生自主学习、“开放性”学习方面发挥了极大的优势。网络技术使学生不全依赖课上时间，学生可以在课外成为信息加工的主体，对教材和各种学习资源进行挑选、再加工，自由选择合适的或感兴趣的教学内容；学生可以根据自己的兴趣选择合适的学习环境，可以按照自己的要求调节内容呈现的形式和进度，媒体和学生之间是“双向强交互”。

顺应计算机和网络技术的发展，我国教育部提出：“各高等学校应充分利用多媒体和网络技术，采用新的教学模式改进原来的以教师讲授为主的单一课堂教学模式。新的教学模式应以现代信息技术，特别是网络技术为支撑，使英语教学不受时间和地点的限制，朝着个性化学习、自主式学习方向发展。”该课程要求首次突出了计算机网络在外语课程中不可或缺的地位，指出了新一轮的教学改革的方向。

在此背景下，广大高校积极进行了网络辅助英语教学模式改革的探索，建立“网络英语学习”模式。这些模式主要呈现为两种：一种是网络自主学习与面授辅导相结合；另一种是全面地推行学生课后的网络自主学习，学生课外自我安排学习和网上自我测验相结合。无疑这两种模式都培养了学生的自主学习能力，促使学生自主安排学习进度，制定学习计划，丰富的网络资源也能激发学生的学习兴趣。但是同时也暴露出了很多问题，例如网络系统有时不稳定，导致教学不能正常进行；学生面对计算机，缺乏人性的了解和沟通，时间一长未免会觉得枯燥乏味，尽管网络设备先进，学生未能全身心地参与到学习中来。另外，由于个体学生缺乏良好的学习氛围，又有生活琐事牵绊，这使很多学生很难自觉将学习坚持下去，就出现了“刷机”现象。

除此之外，网络辅助英语教学过程中还出现了教师的负担加重，参与积极性不高的问题。教师在网络辅助教学过程担任的角色是多元的，他们除了要利用计算机网络为学生开发和提供教学资源，并根据学生特点设计具体的教学任务以支持学生有意义的知识构建和学习外，还要担当起管理者的角色，在真实的教学环境中进行课堂管理，协调完善整个教学过程。此外，教师还需要充当学习促进者的角色。在资源丰富的网络学习环境中，教师还要指导学生如何利用网络资源进行学习，及时了解他们的学习情况。如何促使教师转变传统的教学观念，重新对自己的角色进行定位，正确理解和合理应用新的教学模式，一直是学界研究的热点问题。

第五节 评测方式

在大学英语教学中，合理运用评价体系是提升教学质量的有效方式。教育评价按照其在教学过程中的目的和作用，分为两种类型：终结性评价和形成性评价。目前大学英语教学评测中使用最多的便是终结性评价和形成性评价。在中国的外语教育中有很多终结性、高利害的评价，如中考、高考及大学英语四、六级考试等①。

一、评价类型

（一）终结性评价

布鲁姆（Bloom）等人认为，终结性评价是在学期、课程或项目结束后所进行的评价，其目的是为了打分、评级、评价进展，或进行课程、研究项目、教育计划的有效性研究，其最核心的特征就是在学习或教学完成之后对学习或教学效果做出判断，具有总结功能；而形成性评价是在学习环境内、学习过程中发生的评价，其目的是提供反馈。国内现有研究文献基本沿袭了布鲁姆（Bloom）等人的理论，也多把终结性评价定义为教学活动结束后，对学生课堂学习成果进行的检验和评价。功能视角的二分法使人们忽略了评价的中立性质以及终结性评价对学习的积极意义。虽然终结性评价仍是英语教学中经常采用的评价方式，但不少研究者指出了终结性评价的负面影响：终结性评价往往只重视结果而不看重过程，具有一定的片面性；长期以纸笔考试或标准化考试成绩为本的终结性评价，其评价过程与教学过程相脱离，测量的结果是学生对知识片断的知晓，而不是综合运用能力；同时，这种评价形式也给教学改革带来了很大的负面影响，导致教师追求以应试知识为主的教学模式，从而忽略学生对知识的创造力及多元的理解力。此外，终结性评价这种以

①图亚．大学公共英语课程与教学测评分析[J]．南昌教育学院学报，2012，27(01)：160+162.

考试成绩来判定学生学习能力和教学质量的做法，无疑在某种程度上强化了分数的作用，不易于激发学生学习英语的积极性和保持学习的持久性。

但也有研究者指出，评价本身是中立的，高质量的终结性评价可以起到支持学习的作用。首先，如果终结性评价的内容、格式和设计使终结性评价能充分代表某学科的内容，那么备考过程则成为一种宝贵的学习经验；其次，参加考试可以帮助学生记忆考试过程中处理的信息，并借此减缓知识遗忘的速度。

（二）形成性评价

布鲁姆（Bloom）认为形成性评价是在教学过程中的每一个阶段提供反馈和纠正措施，是教师和学生通过小测验进行的评价，其目的是辅助教学过程。在布鲁姆（Bloom）之后很多人对形成性评价进行了研究和定义，但难以形成合力。在Black和William的综述研究中，继承了布鲁姆（Bloom）从目的和功能角度定义形成性评价的传统，将其定义为所有教师与学生进行的活动，而且这些活动提供的信息将用于反馈，以调整随后进行的教与学的活动。Heritage等人将形成性评价定义为在教学过程中连续收集学习证据、提供学习反馈的系统化过程。罗绍茜等人介绍了国外32个形成性评价的定义，可见人们对形成性评价难以形成一致看法。研究者对形成性评价的争论在于教师主导还是学生主导、应该是计划的还是非计划的、是工具还是过程等几个方面。罗绍茜等人在综述和对比国外研究的基础上，将形成性评价定义为："形成性评价是一种以评价为导向的课堂活动范式，它以评价者的判断能力为核心，要求评价者（教师、学生）采用、调整、设计各种适当的任务（课堂提问、任务、纸笔测试、档案袋等），系统地收集学生的信息（包括学习产品和学习过程），并用适当的评价工具（检查表、评分准则等）对信息进行评价分析和阐释，再反馈给评价者（教师、学生）用于调整教和学的过程，促进学生语言能力的发展"。

形成性评价对学习的促进作用得到国内外很多研究者的支持。首先，它为学生提供相对有安全感的学习环境，重视对学生学习过程的评估和评判。它通过多种渠道多种方法收集、综合和分析学生日常学习的信息，了解学生的知识、能力、兴趣和需求，着眼于学生潜力的发展，通过教学过程中的不断反馈，使学生在反思和纠错中不断成长。它使教师看到教学意图和教学效果之间的差距，从而改进教学方法。高质量的形成性评价模糊了教学、学习和评价之间的关系，创造了一种师生合作探究的课堂学习方式，师生互动的质量得到提升。形成性评价在国内得到推崇，教育部于2004年颁布的《2004课程要求（试行）》中倡导“应用形成性评价手段来更科学、更全面、更合理地评价学生的学习过程和结果”，作为全面推动大学英语教学改革的一种手段。

二、测试的反拨作用

语言测试和语言教学相互联系、相互影响，二者的关系可以客观地定义为“伙伴关系”（partnership）。考试作为促进学习的手段，要适应教学的需要，或作为测量学生语言行为的工具，来调整教学使其尽量达到考试要求。因此，测试不仅为教学服务，又直接影响教学内容，对教学产生一定的反拨作用（backwash），这种反拨作用或有益于教学，或妨碍教学。简单地说，语言测试的反拨作用就是指语言测试对语言教学产生的影响。考试的反拨作用可能是正面的，也可能是负面的。正面反拨作用是指考试对教学产生人们所期望的影响，而负面反拨作用是“某一被公认为‘质量差’的考试对教学产生的不利影响”。Alderson和Wall提出了15个反拨效应假设，指出了测试可能对教师教学、学生学习、教师的教学内容、教师的教学方法、学生的学习内容、学生的学习方法、教学的速度和顺序、学习的速度和顺序、教学的程度和深度、学习的程度和深度、教学和学习的态度及其他相关人员可能造成的正面的或者负面的影响。

有关考试反拨作用的正面性和负面性，语言测试史上曾有过四种不同的观点。一种倾向认为考试所产生的反拨作用绝大部分是负面的，另一方面，一些学者却采取积极的、正面的态度来看待测试的反拨作用，认为考试可以产生正面的反拨作用。还有学者认为，不能笼统地说考试的反拨作用一定是正面的或是负面的，判断是否为正面反拨作用主要依赖考试的质量，如果考试质量好，那么它就会对教学产生正面的影响；如果考试质量差，那么它就会对教学产生负面影响。另外，也有人认为，反拨作用的正面性和负面性可以独立于考试质量之外，受教育系统中其他因素的影响，质量差的考试可能会产生正面反拨作用，而质量好的考试也可能产生负面反拨作用。国内外研究者对考试的反拨作用进行了大量深入的研究，包括理论构建和实证研究两种。国外研究主要集中在以下几个方面：反拨效应是否存在；反拨效应是怎样起作用的；影响反拨效应的因素；怎样减少负面反拨效应、提高正面反拨效应；等等。他们的研究对象主要是大型国际标准化测试。国内也有不少研究者从理论角度详细阐述了反拨作用与语言测试设计的关系；另有研究者针对我国大型考试——非英语专业四六级考试进行了实证研究，如金艳、唐雄英、辜向东分别对大学英语四六级考试中口语考试以及大学英语四级考试的反拨作用进行了研究。

为了解师生对实施大学英语四六级考试口语考试的必要性以及对该考试各方面的评价，金艳在上海、北京和南京三个城市进行了四六级口语考试第二次试点后，对参加考试的358名学生和28名主考教师分别进行了问卷调查。问卷调查数据表明，绝大部分考生和教师认为四六级考试增加口语考试是十分必要的，考试形式、内容、时间安排、评分标准等设计合理且科学。她提到自从1999年设立口语考试试点以来，不少学校已经开始转变教学思想，从片面追求简单通过率到重视提高学生实际英语能力。学生自己也意识到口语的重要性，积极参加各种口语活动。大学英语课堂气氛明显比以前活跃，同学们在课堂上踊跃发言，争取机会来提高自己的英语口语表达能力。在大学英语选修课中，报名参加英语口语选修课的人数大幅度上升。许多同学表示希望进一步提高自己的英语口头交际能力，争取达到用英语自由表达的程度。金艳认为，四六级考试口语考试的实施必将对我国大学英语教学的改革和提高产生进一步的推动作用，使按“教学大纲”规定培养出来的学生具有较强的阅读能力和一定的听、说、写、译能力，使他们能用英语交流信息这一教学目标的实现具有更扎实、可靠的基础。

辜向东对全国范围内约4500名教师和学生进行了调查，调查手段包括课堂观察、问卷调查和面对面访谈，其研究发现：大多数大学英语四六级考试相关人员对该考试，特别是其命题、施考、评分及采取的最新措施评价很高。他们认为，该考试正面的反拨作用远远大于其负面反拨效应，而且其负面反拨作用主要是考试使用者对该考试的误用造成的，不是考试本身引起的。不过有些大学英语四六级考试相关人员对以下几个方面不太满意：该考试过多使用多项选择题题型；不直接将考试数据和考试结果报给教师；对学生语言水平的评定因口语考试非必考而不够完整；以及将该考试作为评估大学英语教学质量的唯一标准等。此外，大学英语四六级考试对大学英语教学的方方面面都产生了影响，但对各方面影响的程度不同。它对大学英语的教学内容、教学进度和教学态度影响较大，对教学方法影响较小。其影响也因学校、年级和教师而异。大学英语四六级考试对大学英语教学不仅产生了正面的影响，也产生了负面的影响。正面的影响表现为：它促进了相关政策在大学英语教学中的贯彻落实，使学校领导重视大学英语课程，从而保证了大学英语基础阶段的课堂教学，激发了教师和学生的积极性，使教师和学生非常重视阅读技能，极大地提高了学生的阅读能力。其负面的反拨作用包括：大学二年级（特别是第四学期）的英语教学进度过快；课堂上使用所谓的“模拟试题”以及教材完成情况不够理想等。

第三章 大学英语的教学方法与教学策略

第一节 大学英语教学的思路解析

一、制定合理的教学目标

目标明确是教学的根本。明确的教学目标会使教学收到事半功倍的效果。美国教育学家布鲁姆认为，教学目标具体包括“认知”“情感”“技能”三项领域的内容。美国教育心理学家罗伯特·加涅则认为，教学目标包括认知策略、智力技能、言语信息、运动技能和态度等。针对我国目前的英语教学现状，英语教师在教学活动中应针对教学目标考虑以下几个因素①。

语言知识，即学生应掌握语法、词汇、语音等方面的知识。

语言技能，即学生在听、说、读、写、译等方面的能力提升。

情感态度及价值观，即提升学生的道德水平，使学生能够正确地判断是非、美丑、正误。

社会文化意识，即让学生对不同地域的文化背景有所了解，扩大文化视野，以达到增强文化交际的意识。

---

①马琴．大学英语个性化教学研究[D]．重庆：西南大学，2017．

学习策略，即学生在记忆、类比、归纳等方面的能力提升。

值得注意的是，英语教师在制定教学目标时，应从实际教学情况出发，要灵活，不能过于死板，同时要具有可调节性。

二、坚持以学生为中心的教学原则

（一）教材分析要以学生为中心

教师在分析教材时，应在理解和掌握教学内容的基础上，将学生在不同阶段的学习能力和实际情况，作为教学任务和教学目标的依据。同时，教师应合理有效地利用教材，使教材内容转变成问题的衔接和师生之间的交流，根据学生对教材内容的理解，对教材内容和教学活动进行心理化和最优化的加工处理，将学生对教材的经验和体验相结合。

（二）教学方法和手段的选择要以学生为中心

在教学过程中，教师应以学生为中心，适应学生的直觉思维特点，通过灵活多样的教学手段、视、听、说等直观的教学方法来激发学生参与，提高学生学习的积极性，还可利用形象化的教学方法，如幻灯、投影、模型、录音、图片等，使学生真正能够理解感受和理解语言，积极主动地参与课堂学习，强化记忆，同时达到最优的学习效果。

（三）教学活动的设计与组织要以学生为中心

教师在准备与设计教学活动时，应当充分了解学生的情况、知识结构层面、学习动机及学习兴趣的状态。以确保教学活动有目标、形式多样、内容全面，在提高学生学习积极性的基础之上，促使教学目标顺利地实现。

三、努力提高学生的学习兴趣

常言道：兴趣是最好的老师。为获得更好的教学效果和学习效果，在英语教学活动中，教师应充分调动学生学习英语的积极性，让学生对英语产生兴趣。因为一个人的兴趣能激发其内在的动力，使其喜欢学习、乐于学习。那么在英语教学中，教师应从以下几个方面进行着手：一是教师在教学活动中应该了解学生的特点，发挥学生的主体性。每一位教师都很明白，学生才是英语教学活动中的主体。教师在英语教学的过程中应遵循语言学习的规律，采用灵活多样的教学方法，使学生在学习英语的过程中形成语感，提高英语的实际交流能力。根据学生的个性差异特点，培养学生学习英语的兴趣，让学生参与实践和体验，主动尝试和创造，从而获得对语言的认知和掌握语言能力。二是语言的学习基础是通过死记硬背和机械操练来形成的。但是，这种传统的英语学习方式一旦过了度，就会适得其反，让学生对英语语言的学习失去兴趣。因而，教师在英语的教学活动中，应注意观察学生，对学生进行学习评价，帮助学生获取感兴趣的学习方法。教师应以提高学生的综合素质为前提，鼓励学生的课堂参与，激发学生的积极性，鼓励其提高语言交流能力。因此，死记硬背、机械的教学方法和传统的英语测试方式将不再适应现在的英语教学。三是深度挖掘教材。教师在进行教学活动前，应对教材有一个整体上的把握，认真研读教材、挖掘教材，用教材中学生感兴趣的内容来调动学生的积极性，使每节课都在轻松愉悦的课堂氛围中进行。

四、教学做到语用真实

教师要在英语教学中做到语用真实，应了解并做到以下几个方面。

（一）把握真实语言运用的目的

培养学生的能力是英语教学的最终目的。其实际上就是指语用能力。语用能力方面的教学目的就是语用目的，主要表现在如下三个方面：语句的语用功能目的；对话语篇的语用功能目的；短文语篇的语用功能目的。

（二）采用语用真实的教学内容

教师应从语用的角度来开展英语教学，对英语课文进行剖析，详细地研读，保证语用教学的教学目标，准确把握文中的语句内涵，选用真实的例句让学生进行练习，让学生真正获得英语运用能力。

（三）设计组织语用真实的教学活动

教师应把培养学生的语用能力作为设计教学活动的出发点，运用讲解、释例、训练等方式，将培养学生语用能力与课堂教学活动紧密结合起来，并贯穿于整个英语教学过程。

（四）设计语用真实的教学检测评估方案

语用真实在教学进行中具有非常重要的作用，不仅能够让学生掌握真实的语用内涵，还能使学生在英语运用方面的能力得到提升。所以，教师需要定期对教学成果进行评估和检测，以此来反馈学生学习的情况，进一步检查学生在英语学习方面存在的不足之处，从而对教学活动与教学目标作出及时的调整和改进。因此，在教学过程中教学检测具有重要作用。

五、教学的中心问题是以英语进行交际

英语是一种交际工具，那么在学习英语时力求学以致用。

一是教师在教学活动中，应运用灵活多样的方式来进行实践练习，例如机械练习、有意义的操练、交际性操练等。机械练习是对课文中的情景以模仿和问答的形式来进行，这属于句型操练。交际性操练就是利用文中的语句来表达自己的思想情感。这三种方法是一种循序渐进的接近语言交际的过程。因此教师在教授新的课程时，也应该遵循先机械练习—有意义操练—交际性操练的过程，最终使学生理解和掌握新知识。

二是不管是在课堂教学过程中，还是在课外活动中，教师都要有意识地去为学生创造讲英语用英语的机会，例如在讲解词语、语法、组织教学、考核、布置作业或者学生请教问题时等，都可以用英语，把英语运用到生活中，使学生养成一个良好的语用习惯。

三是在英语教学中，应当处理好语言实践和语言知识之间的关系。首先，语言实践在英语课中占主导地位，课上大部分的时间都在进行语言实践的练习。其次，对于语言知识的讲解处于次要地位，教师应参考语言实践和教学目标的需要来对语言知识的范围、深度、方法进行讲解。

四是在英语教学活动中，语言操练和语言交际是两种教学形式，因此教师应清楚并处理好这二者的关系。语言操练的重点在于让学生掌握语言的形式，是培养学生语言交际的必经之路。而语言交际是为了使交际双方相互了解，重点在于语言形式。在英语学习过程中，语言操练和语言交际都非常重要，前者是后者的基础，两者没有分界线。

五是在英语教学活动中，教师应帮助学生树立“英语是交际工具”这一思想，并用这一思想来引导学生学习英语，把交际带到课堂教学过程中来。同时，在上课时，教师要培养学生用英语交际的能力，鼓励学生反复练习，教师也要根据不同的时机来实时地创造交际情境，给学生提供真实的英语交际机会。

六、英语教学坚持输入优先

所谓输入是指学生通过听和读的形式来学习英语语言材料。所谓输出是指学生通过说和写的形式来进行语言表达。权威心理学研究资料表明，输入是第一性的，输出则是第二性的，由此可见输入是输出的根本基础。

语言输入在英语教学过程中起着尤为重要的作用，对于英语教学我们要以输入优先的原则来进行。具体做法如下：

教师在英语课堂上，要充分利用形象直观的教具，例如图片、文字、声音等媒介，为学生提供形式多样、内容丰富的语言材料，使学生尽可能多地接触英语。

教师应注重学生的理解力，对于理解性强的资料的输入，可以鼓励学生听与读，而不要求他们说和写，因为听和读是掌握语言的基础，所以理解材料才是最重要的。

教师在对语言进行输入的同时，应该对输出进行检验，以输出巩固输入，来促进语言的输入。

教师在组织教学活动中，应鼓励学生模仿，模仿有助于人们对语言的掌握，教师应积极地引导学生来模拟现实生活中的真实场景，并将其表达出来。

七、发挥母语的作用

英语对于我国的大多数学生来说属于第二语言，虽然我们强调让教师在课堂教学过程中尽可能多地使用英语，但是，这并不意味着我们要放弃母语。为了使学生能够更好地掌握英语，在英语教学活动中，教师要利用母语的优势，排除母语的不利影响。因此在教学过程中教师应做到以下几点。

（一）利用母语的优势

我们在熟练掌握母语的基础上来进行英语语言的学习活动。英语和汉语在语法结构与使用方法上既有相同部分，也有不同部分。然而学生在学习之前对母语里面的时间、空间以及地点等意识已经在脑海中形成，已经掌握了母语的语言手段。学生学习英语的障碍往往来自两种语言的不同点上，这个时候就需要老师来充分发挥母语的优势，运用母语来对这些不同点进行解释，不仅可以帮助学生了解英语的一些学习规则和语法结构特点，同时更加方便学生和老师之间的沟通交流。

（二）排除母语的干扰

外语的学习是一个复杂的过程，我们对于母语的适应和使用习惯往往会给英语的学习带来障碍，在英语教学过程中，教师适当地使用母语，让学生明确母语和英语在某一特定结构上，或者是某一语法结构上是有差异的。这样有助于让学生明确母语和英语在使用上应该注意哪些问题，避免把母语的使用规则和英语的使用规则混淆，减少母语的干扰。

第二节 大学英语的教学方法及策略

一、教学方法的定义与框架

（一）教学方法的定义

所谓方法，就是我们用来解决思想意识、行为活动、说话等问题的途径和程序。英语教学方法涉及语言和语言学习的本质特征、语言教学的目的、教师的职能、教学大纲的体系、学生活动的开展、教材的有效运用、教学技巧的实施和程序的进行等，是进行语言教学的途径和做法，是在语言教学过程中最佳观点的应用。英语教学方法是一种非母语的教学理论和科学，所以，英语教学法不仅是英语研究学习和运用材料进行教育的过程，更是有关教学内容、方法和体系的科学。

英语教学方法是关于理论基础和操作程序的英语教学的思想体系。从理论上来讲，英语教学的理论、观点、原则的问题，就是关于英语在教学方面的科学思维、逻辑推理、哲学思考等。在实际操作方面，教师和学生做什么、做的方式是什么，就是关于教学活动的内容的决策、技术和技巧的问题。理论和操作是英语教学的整体构成，科学分析是理论的基础，科学应用是操作程序的基础。

（二）教学方法的框架

英语教学法的基本框架，有助于我们对英语教学方法内部出现的问题进行分析、比较，也有助于英语教师形成自己独特的教学风格和建立自己的方法体系。

1.AMT三级构架模式

美国应用语言学家安东尼提出了英语教学方法的AMT三级构架，这一说法表明了英语教学的科学分析和应用之间既相互依赖，又存在不同。安东尼认为，英语学习技巧策略实现的方法体系有赖于教学框架的层次性特征。方法体系与理论原则相一致，理论原则具有自明性，论述对象是有关教学内容的本质、有关语言教与学的一整套相关假设。方法体系是关于语言教学材料的整体计划。这一计划在与其理论原则相一致的前提下，各个部分也必须相互和谐一致。教学方法具有程序性，理论原则具有自明性，在同一个理论原则的基础上，可以创立许多不同的教学方法体系。①

整体来讲，安东尼的AMT三级构架共有Approach、Method，Technique三层，这三层之间具有清晰的层次感和逻辑性。具体如下。

①殷风景，李硕豪，张鑫．多中心多维度教学方法框架构建及其应用研究［J］．科教文汇（中旬刊），2021（08）：59-63.

Approach是指"理论原则"层，这一层是基础层，是有关语言本质的基本观点，这一层会直接或间接决定其他两层。

Method是"方法体系"层，这一层介于Technique层和Approach层之间，决定Technique层，自己也被Approach层所决定。对于语言教学的内容、形式、操作程序、活动特征、教学框架的确立，都是在对认识语言和语言学习本质特征的基础上建立的。

Technique是"技巧策略"层，是课堂教学组织过程中多运用的技巧策略、活动、任务的具体内容。这一层直接决定于Method层，间接决定于Approach层。

由于AMT三级构架只是描述教学方法体系的外围结构，而对于本身内部结构则没有做出描述。因而，虽然三级架构看似十分合理，但十分单薄。鉴于此，理查兹和罗杰斯在其基础之上又创建了更为合理的ADP三维构架模式。

2.ADP三维构架模式

理查兹和罗杰斯提出了自己的英语教学方法结构ADP三维模式，这是在安东尼的AMT三级构架模式的基础上提出来的。这个ADP三维模式认为，一个完整的英语教学方法应当具有教学理论原则、教学设计与教学步骤三种描述。教学理论设计指有关语言和语言学习的基本理论，包括对语言本质特征的描述；教学设计主要对教学形式、教学内容、教学顺序、教学活动等进行分析和确定，具体包括对教学目标、教学大纲、学生任务、课堂活动、教师作用、教材功能等的描述。是教学方法的核心：教学步骤是教学方法的实施过程，包括课堂技巧、课堂行为、互动模式、时间分配、空间布局、教学设备的使用等，在课堂中实际进行和完成的事情都是教学步骤的一部分。

这三种模式之间既存在着差异，又有着紧密的联系。正如理查兹和罗杰斯所言：一种教学方法，在组织上依靠教学设计，在理论上与教学理论原则息息相关，在实践上依靠教学步骤来完成。

ADP模式在形态上略胜安东尼的AMT结构一筹，更趋完美，A、D、P三维构成了教学方法的完整架构，这三部分既相互独立又相互依存。

在内容上，ADP模式不仅把语言学习理论、语言、教学技巧全部纳入体系中来，而且还对体系的核心内容进行了具体的分类。这样就使得模式更加充实和丰富，更加趋于完善。

然而，教学方法的应用才是教学实践。教学方法本身不过是概念的组合，并不是教学实践。ADP模式只把教学步骤当作实践，而将教学设计仅仅停留在理论的表面上，这就使得教学步骤与教学设计分裂开来，得不到融合。甚至，导致重复出现教学设计和步骤中的一些内容。因而，这种把教学方法的课堂应用并入教学方法体系中来的做法，其本身就存在一些不合理的地方，是很难令人信服的。

3. 五层框架结构

王才仁在综合前人的教学方法构架的基础上提出了五层框架结构，它明确了五层框架结构之间各自的定义及相互关系。通过有效的教学策略这一层把与整个方法论相关的概念体系分成两部分，这是五层框架结构的精髓所在。具体如下：科学范畴的理论部分包括Methodology和Approach，这两部分属于教学基础理论原则。而艺术范畴的实践部分则包括Method和Technique。Strategy运用理论联系实践的方法，使五层框架结构有机地联系在一个完整的框架中，形成了一个新的有关英语教学方法论的说明体系。这一模式的形成，不仅对中国英语教学方法的研究理论起到了促进作用，而且积累了中国英语教学的思想财富。

这个新的框架具有很多优势，但它把教学策略定位于教学方法之上，极易引起人们理解的错误和使用上的混淆，而且该模式把教学的方法局限于课堂之上，对方法和教学的整体性一致也会产生不利影响。

二、教学策略的制定

（一）教学策略的含义和构成

教学策略是教师为了教学目的的顺利达成、教学任务的实施、基于对教学情境的认知和理解以及教学任务的规定，运用一系列的过程来对教学活动进行灵活的调节和实施控制。

一般来说，教学策略构成要素包括：指导思想、教学目标、实施程序、操作技术，具体分析如下：

1.指导思想

教师在制定和执行教学策略时，会依据指导思想的理论基础来进行。因此，我们说教学策略的灵魂是指导思想。

在教学过程中，为了保证教学任务的顺利开展和教学目标实施，避免教学中的盲目性，教师应在明确的指导思想指挥下，发挥理论价值的作用，来制定实事求是的教学策略。

2.教学目标

教学策略的实施都是以教学目标为指向的，无论是活动内容、活动方式都是为教学目标服务的。教学目标的制定是教学策略的核心部分，不过二者又不是相对应的关系。

3.程序实施

实施时需要按照此程序逐步展开。教学策略的实施程序并不是一成不变的，是相对稳定的。所以教学活动的开展具有不定性、特殊性。

此外，教学策略的实施程序虽然有固定的先后程序，但并没有定式。概括地说，教学策略的实施程序明确指出，教师在实施教学策略时的具体程序操作顺序，会随着环境的改变而逐渐进行调整。

4.操作技术

这里讲的操作技术是指教师在具体教学程序中，能明确、简单易行地操作并且掌握要领，能够采取有效的措施。另外操作技术也是指教师运用教学策略的手段和技巧。

（二）教学策略的分类

教师根据不同的学生采取不同的教学方法，教学策略就其特点，可以分为以下两点。

1.按照教学活动的要素分类

教学策略按照教学活动的构成要素，可分为四种策略，即任务型策略、内容型策略、方式型策略和方法型策略。

2.按照教学环节分类

教学策略按照环节划分，可分为教学准备策略、教学实施策略、教学监控评价策略三种。

（三）教学策略的特点

1.指向性

在教学过程中，任何活动和因素都是为教学目标服务的。同样教学策略是指向其所制定的教学目标。因此，教师对教学目标的制定必须具有一个明确的认识，并能在目标的实现过程中不断地进行改革与创新，对具体教学方法进行灵活掌握。

由于指向性具有独特性特点，同时，在教学过程中也会遇到一些突发性事件。教师在处理突发事件时，应该适时地改变预定的教学目标，做到随机处理，确保按时完成教学目标。

2.操作性

盲目地制定的教学策略再有创意也没有意义。教学策略也无法在教学活动中实施以实现其实际价值。因而，为确保更好地实现教学目标，教学策略必须具有可操作性。

3.调控性

因为教学策略的灵活性很大，所以可以根据具体情况进行调控。因而教学策略的灵活性与调控性是相辅相成的。

所谓的教学策略的调控性，既能体现教学活动的不定性，又能体现教师对教学活动的掌控性。教师对教学策略的运用就达到了一定的水平，这主要体现在认识和调节教学进程这个环节上。

（四）教学策略产生的途径

所谓教学策略的产生是教师在研究教育理论的基础上得到自己分析的结果。

1.对教育理论进行深入探讨

教育理论是指教师在正式上岗之前应该进行专业的教育培训课。在培训的过程中，教师对教育理论进行分析和判断，这样才能不断地提高掌控教学策略的能力。以学定教不仅立足于学生已有的知识、经验、需求之上，遵循学生学习知识、发展能力的规律，确定教学目标、内容、策略方法和评价措施，也立足于激励学生能够积极主动地学习、能主动地思考和运用知识的过程，既立足于学生群体，也立足于学生个体。

2.对教学方法进行深入研究

研究自己的教学方法，完善自身的教学技巧，并再次在教学过程中对自己的想法进行不断摸索和总结，最终形成自己的教学策略。

然而，教师教学策略的形成需要不断地将其与同类方法进行对比，不能完全凭借自己的主观臆断，从而加深对自己教学策略的独特性的认识和了解。

3.对教学经验进行总结和反思

教师在教学中要对其进行不断地总结和反思、修复，使它更快地适应新课堂教学的需要。

（五）教学策略的制定标准

教学策略的制定需要一定的标准，没有针对性地、毫无标准地制定教学策略，是没有意义的。究其原因，是因为制定教学策略的目的是实现所制定的教学目标，只有制定行之有效的教学策略才能保证教学目标如期实现，所以要确保教学策略的可行性，不然即使制定再多的教学策略也是徒劳的。

1.教学目标

教学目标是教学策略的制定与选择遵循的主要方向。教学目标是逻辑联系以及知识技能的迁移。所以，在这一阶段，为了激活思维，培养他们的能力，促进他们更深入、自主地学习英语，就可以达到这一目的。

2.教学内容

为了让学生在表演中既理解词、句的意思，又培养他们的口语表达能力，教师通常会采取让学生分角色朗读的策略。

3.教学环境

教学环境直接影响心理环境，包括校风校纪、学习氛围等；有形的物质环境包括教学设施、学校周边环境等。科学有效地进行是根本保证。

其中，我们说教学策略的实施受教学设施的影响很大。例如课堂上为提高学生的听力能力，往往进行英语听力教学。

4.教师的教学能力

因为教学策略制定很受教师的教学能力的制约，所以教师在英语教学中起着很大的作用，是英语教学的重要因素。为避免得到适得其反的效果，教师应当在选择教学方法上下功夫，不过对于一些刚参加工作的年轻教师来说，教师对教学策略的总结和发展会带有自身的主观意识，这就是教学策略不断发展和进步的保障，同时也是提高教学效果的保障。

5.学生的认知能力

课堂教学的主体是学生。教师要掌握学生生理、心理发展的规律和个体差异，因为教学的根本目的在于培养人。相对而言，学生的认知水平是教学策略制定的基础。学生的学习风格、兴趣爱好、现有的知识技能水平等是学生认知水平的具体体现。

教师教学策略的制定是为了让学生学习好，教师制定教学策略时，要研究学生的实际情况。所以，在制定教学策略时，为保证所采用的策略能够调动学生积极的学习兴趣和态度，教师还应当充分考虑学生对某种策略在接受能力、智力、班级学习氛围等诸多方面的因素。以学生在玩的时候能记住单词，这种效果很好，但对于大学生就显得太过于简单。

第三节 大学英语教学策略与运用分析

一、组织策略

（一）组织策略的定义

将教学活动中的各个要素进行联系和安排，就是所谓的“组织”，不过组织策略是对课堂实践教学而言，是教师对新的知识和旧的知识进行的整合和归纳，从而形成新的知识框架。所以课堂实践教学形式，既关系到检验教学质量，也关系到教学氛围的创设。

课堂实际教学中想要得到良好的效果，教师的合理组织至关重要，教师的主体地位不言而喻。因而，为保证教学活动正常进行，教师对组织方式、技巧的掌握，直接关系到课堂问题的处理、教学活动的安排、教学任务的完成。[①]

（二）组织策略的构成

课堂组织主要依靠教师的态度、想法及方式技巧和对教学目的的理解，组织策略包括组织决策和行动决策。

1.组织决策

组织决策是教师通过对教学实际的预测、分析和对比，最终确定的方案，以及对可能的问题采取的有效措施，从而使教学全过程得以顺利地完成。

组织决策具有生成性、预测性、协调性和全程性的特点。生成性指教师既要明确教学任务，也要对学生进行约束，预测性指教师在课堂上对学生进行预测、分析和比对；协调性指教师需协调教学实际中各个环节之间的关系，其中与学生关系的协调尤为重要：全程性指在整个教学中，教师要有计划、准备、措施等阶段，并能全程参与。

2.组织行动

组织行动是教师在组织决策的基础上，能够表现出来的一种活动方式，换言之就是组织决策的具体操作，它来源于教学又服务于教学。教师针对教学实践中遇到的各类问题进行总结、分析、对比，然后重新操作，进而有效地促进教学研究。

（三）组织策略的内容

教师在英语教学中要不断探索新的教学策略。就内容而言，组织策

①贺婵．基于跨文化交际能力培养的大学英语教学策略研究[D]．西安：西安外国语大学，2021.

略具体包括英语知识组织策略、课外活动组织策略以及教学形式组织策略等。

1.英语知识组织策略

语言能力和语言运用能力是语言交际能力的主要构成部分。对语言来说，工作中的运用能力就是语言运用能力。那么组织策略就是将语言知识和语言交际能力有机地结合在一起，让学生可以把学到的知识运用到生活实际中，为此教师可具体从以下几个方面着手，如表3-1所示。

英语知识	重要性	遵循原则
语音知识组织方面	打下语言基础，在很大程度上决定着学生在英语方面的发展	①学生能准确发音 ②逐步增加语言知识训练，将语音应用到特定的语境中 ③增加学生学习语音的趣味性 ④对于学生发音困难或者容易出错的问题采取措施
语词知识组织方面	语词是语言的基本要素，是组成句子的基本单位	①语词选择要准确恰当 ②将语词运用到指定的句子中 ③帮助学生了解语词义、用法以及文化内涵
语法知识组织方面	语法作为语言能力的一个重要部分，需要学生认识语言本身的认知规律，积极地学习语言能力	①语法知识选择要符合实际交际的需要 ②语法教学主要用于实际当中 ③注重语法教学的多样性
文化知识组织策略	语言与文化是相辅相成的关系，文化组织教学必然伴随着英语教学而生，相互借鉴，相辅相成	①将一些文化内容系统地添加到英语教学中 ②明确文化知识的目标、态度等，引导学生包容和接纳不同文化 ③在教学实践中引导学生感受文化的差异 ④引导学生在跨国交流中获得更真实的文化知识和文化体验

2.课堂教学组织策略

课堂教学具有明确的目的性，是学生学习效率最高的地方。组织设计、组织实施、组织素质以及组织方法是课堂教学组织策略的主要架构。

组织设计：在整个英语教学过程中，为保证教学活动在教师的设计下顺利开展。教师要严密地组织好整个教学的流程，使师生之间配合默契，教学内容衔接流畅。

组织实施：教师将设计好的教学程序运用到教学活动中就是组织实施。

组织素质：成功的英语教学需要教师在英语课堂中发挥和表现出来具备各方面的素质。

首先，驾驭课堂的素质是教师必备的素质之一。这种素质能够显示教师的真正水平，基本功扎实，在课堂上能够做到收放自如，“放”就是要求学生的积极性被教师调动；“收”则要求学生的注意力能够被教师集中起来。

其次，静态和动态的结合才是最完整的教学过程，明确地说就是教师在静态教学的基础上适当地做一些动作、眼神、举动等动态，这样所产生的效果就大不一样了。

再次，教材是教学的主要载体，因为教师根据教材的内容和学生的学习状况进行教学设计，就必须能够驾驭教材。教师对教材的驾驭可以帮助教师组织实施教学，提升教学成果。

最后，为了对学生进行指导操作，就教师而言本身需要具备熟练的操作技能。

组织方法：教师需要在课堂教学中运用基本的组织方法。教师面对课堂教学活动的复杂多变的实例，准确掌握多种语言表达方式，并熟练地转换其他表达方式；教师要从情感上强化自身的影响力以及在感召力等方面严格要求自己，提高自身的形象气质；为了弥补不能兼顾到每个学生的不足，教师应该合理分配学生及任务；为使学生能够亲身感受人物的内心活动，加深对课文人物的理解，教师可以根据教材内容，进行情境创设，进行模拟情境；为促使教师地位的转变，将师生的活动与作用融合为一体，教师可以尝试实行“问答式”教学法，以问答的形式，发挥教师和学生共同的主体地位，不仅可以达成教学目的，而且还能调动学生的学习兴趣。

3.课外活动组织策略

我国学生学习英语，主要的渠道就是课堂教学。在教学中存在着很多问题，如时间不充足的情况，所以课外活动非常必要。那么课外活动就包括看英文电影、读英文周刊、英文电视节目、用英文写电子邮件、与朋友用英文交流等各种丰富多彩的方式。这些组织形式可以培养学生的对外文化交流能力，这样既丰富了学生的课外生活，又帮助学生理解了英语学习的重要性。

教师不仅要在课堂中占据着主体地位，课外活动也同样如此，要记住教师在课外活动组织中也起导向作用。教师可以通过自身对英语掌握的情况，经常给学生推荐一些对他们有帮助的电影、报纸或者节目等，用多种方式引导学生的课外活动，从而调动学生对英语学习的兴趣。不过，教师不要过多地计划学生的课外学习活动，否则会适得其反，这一点要引起教师的注意。

4.教学形式组织策略

教学形式组织策略在当代英语教学中主要分为班级组织、小组组织和自主学习三种。

教师向全体学生讲授英语知识的教学方式就是所谓的班级教学。班级教学是比较传统的，也是最基础的教学模式，教师可通过运用教材等辅助材料直接将这些知识准确地传递给学生。

教师在课堂教学的基础上，按照学生不同的学习风格和学习程度将学习任务或者学习活动分成几个学习小组，从而进行教学授课就是所谓的小组教学。

在教师的指导下，学生自己获取知识的教学形式就是自主学习。

此外，在具体的教学中，为了将三种形式发挥得恰到好处，教师应根据不同的情况采取不同的教学形式。班级教学主要在讲解语音、单词、词汇以及语法的时候被采用：小组学习则是任务实施时被采用；当需要学生背诵、记忆的时候，学生的自主学习自然就被需要了。可见，要使这些教学方法发挥最大的作用，教师的教学形式是一切从学生实际出发，根据学生的需求来制定的。

二、管理策略

（一）管理策略的作用

1.通过创设好的课堂环境，促进课堂活动顺利进行

课堂管理可以创造有效地完成外在向内在转化的过程，能使学生形成自律心理，进而可以减少产生矛盾与冲突，消解潜在的矛盾与冲突的课堂环境，并能通过良好的课堂教学促进课堂活动顺利地进行。

2.通过交流与互动，保证课堂活动的有效展开

师生与生生之间的对话和信息交流互动可以被有效的课堂管理激发出来。而这种互动能促进教师课堂教育教学质量的提高，还能进一步促进课堂活动充分地展开，进而促进学生心智的发展。为保证课堂教学不流于形式化，要努力实现人与环境、人与人之间的有效交流。

3.通过激发课堂活力，促进学生的持久发展

为提高语言的综合应用能力，课堂活动可以让学生参与各种类型的语言交际情景。使课堂管理能够调动学生各种可能的因素，来激发课堂活力中蕴含的活跃气氛，从而促进学生的持久发展。

（二）管理策略在大学英语教学中的运用

教师采用纪律管理策略和时间管理策略对教学加以改进，可以维持课堂秩序，提高教学效率。

1.纪律管理策略

在教学中纪律管理是有效教学的重要保证，所以教学为了维持课堂秩序，离不开纪律管理。纪律还是评判学生行为是否适当的标准，所以课堂管理是指那些能够积极鼓励学生参与课堂学习的话语、行为和活动。除此之外，课堂纪律还具有内化道德规范、使学生积极进取的作用和社会功效。

纪律维持和违纪处理构成了课堂纪律管理。教师用眼神就可以提醒学生的不良行为，因为对于听话的学生来说，学生本身就具有一定的自控能力；对于比较叛逆的学生，只有处理他们的违纪行为才不会波及他人。由此可见，学生问题的矫正也不是一件容易的事情，需要对具体问题进行具体分析，不仅如此，为减少这类问题发生的概率，教师更应该提前预防，采取必要的措施。在这些问题苗头还没有出现的时候提前打好预防针。

2.时间管理策略

为使学生参与到学习活动中、保证教学的高效率，要求教师有效地利用教学时间。可以从以下几个方面着手做好时间管理。

为提高学生的学习兴趣，教师采用各种手段来激发学生的兴趣，让学生能主动地参与到学习中。

为了使学生总是有事可做，不被轻易打断，教师要保持教学活动的流畅性和紧凑性。

要有效安排时间。教师应该按照课程标准将课堂的时间进行合理的分配。

鼓励学生进行自我管理。为高效地利用时间，教师应当引导学生对各阶段学习任务的完成时间进行自我计划。不仅如此，在学习任务完成期间，教师应督促学生进行自我监督、自我控制、自我激励、自我反思，任务结束后进行自我反省和调节。

三、提问策略

（一）提问策略的作用

提问策略作为独特教学的主要行为方式，它是运用知识通过提问对学生的学习情况进行检查。简而言之，其主要作用如下：调动学生的积极性，激发学生的读书兴趣；让学生主动参与，养成良好的参与意识；扩大学生的发展空间，拓展思路；及时解决教师的困惑；能对教师检查一些细节性问题有所帮助；能使教师准确地了解学生，掌握学生情况。

（二）提问策略在大学英语教学中的运用

1.提问计划

因为即兴提问比较灵活，往往会出现逻辑性的问题，所以教师在备课的时候要做到提前准备，否则很难达到预定的教学目标。具体准备包括以下几个方面：

明确提问目的。提问目的一定要在提问活动开展之前确定清楚。教师在备课时就要明确提问的目的，因为不同的课型、不同的教学目标，提问目的自然也不相同。同理，如果提问目标发生了变化，问题的类型也会随之变化，提问的层次也跟着发生变化，所采用的技巧自然而然地发生改变。

选择提问内容。在课堂教学中，教师提问的侧重会成为学生学习的重要依据，因而教师在选择提问内容时一定要慎之又慎，教师不应选择太过容易或不重要的问题，以免误导学生。

2.问题设计

教师恰当、有效选择问题的方法和技巧叫作问题设计策略，它能使问题清楚易懂，较为符合学生的特点，更能提升学生的发展空间。

3.态度设计

在教学中，教师和学生的学习态度很重要。以学定教和以教导学两者之间具有内在逻辑联系。教师不只是知识的载体、来源，也是传道、解惑的，教学不能以教定学，以教师为中心；教学也不能排斥以教导学，仅以学生为中心。教师要相信学生自己能学习和使用知识，所以需要以学定教，但这并不意味着教师的作用是无关紧要的，也不是否定教师的教学能动性，而是强调教师是学生学习和运用知识的指导者和引路人，所以需要以教导学。师生关系不是教与被教、管与被管的关系。师生之间充满着人文精神，互敬互爱、尊重学生的人格，拥护教师。所以师与生的关系、教与学的关系应该是一种平等、相互尊重、和谐发展的互动关系。

一般的教学中，英语教师的教学方法尤为重要，英语教育教学不能止步于以学定教、以教导学；以学定教、以教导学还需通过多学精教才能最终通达不教自学的最高境界。因此，以学定教、以教导学、多学精教、不教自学是一个蕴含内在逻辑联系的统一体，四个方面互动、生成才能达到英语教育教学理想的目标。教书育人是教师职业的重要体现，教师培养学生发展，是教师思想情感、知识水平占有量、教育教学能力与教育教学科研和价值取向的直接体现。教师花费毕生精力设计和操作的教育教学过程，不论是一件细小的事，还是一堂不起眼的汇报课，都是为了有效激励学生的思想情感，激发学生求知欲望，启发学生能独立思考、探究和合作学习，培养学生的自学能力，发展学生的个性，培养学生自学能力、实践能力及创新能力。这些也都是教师自身实践活动的价值体现，它更直接体现在不教自学的最高境界之中。用辩证法来说，学生学习是内因，教师教学是外因。

教师在提问过程中要有意识地调整提问的方式，这种方式就是提问控制策略，这个策略对教学内容、教学进度起着控制的作用。教师在提问时，应注意以下几点：教师在教学设计时在教案中标标记问题；为启发、鼓励学生，肢体行为应与所提问题协调一致；提问设计要清晰、简短、切合实际；给学生留出一定的时间，听到提出的问题后，思考或做好回答的准备；教师设计问题时要吸引学生的注意力和主动参与；教师应在学生思路不清晰，回答不精确、不完整时要继续提问，不必马上给出明确的答案，给学生留有思考的空间。

4.提问评估策略

教师用来反馈的手段就是提问的评估策略。教师能及时对学生的提问或回答做出的评价是提问有效进行的重要保障。提问评估常用的方式有以下几种。

引用。教师陈述答案或总结时引用学生的语言叫作引用，它是一种效果比口头表扬更好的所谓的间接表扬，它可以让学生有认可感、成就感，提高学生的自信心，进而促进学生向更高的目标努力。

表扬。表扬是教师对学生能力的一种认可。教师的表扬可以唤回那些能力相对较差的学生的自信心，并帮助他们走向成功。

鼓励。教师的鼓励在英语教学中对学生具有重要意义。教师切不可在学生不能回答问题或学生的答复不得当时冷言相对，挫伤学生的自尊心。给予学生适当的鼓励，不断给予暗示，努力帮助学生找出问题所在，直到找出正确答案，这才是正确的行为。

第四节 大学英语教学方法与实践分析

一、情境教学法分析

（一）情境教学法理论的形成

情境教学法的形成大约在20世纪70年代，为以后语言发展提供了理论基础，并指明了方向。

1.建构主义理论

建构主义理论的基本观点可以从以下四个方面进行理解，就是知识是相对的、学生是学习的主体、学习过程中有四个主要要素、教师在教学过程中起主导作用。

知识是相对的。建构主义理论认为，知识不是绝对的而是相对的。因为具体情境总有其特殊性，知识在各种情境下的运用并不是简单的套用。教学过程需要把握它在具体情境中的差异变化，并不是教条式地背诵和记忆。从这个角度来说，教学是知识的处理和转换，并不单纯是传递知识。

建构主义理论是学习过程中最积极主动的主体。在平时的学习中，学生本身潜移默化地形成了一定的学习方法和知识体系，所以他们对知识的接受和掌握的程度也就不同。

学生对知识的理解存在差异是很正常的现象，更是一件好事。学生对知识理解的差异形成了不同的学习资源。由于对知识的接受程度不同，学生们在一起讨论和研究，不同的思想进行交流，从而可以较为全面和丰富地理解知识。与之相反，建构主义则认为教师的教学指导是最重要的。教师应该在教学过程中起主导作用。

学习过程中的四个主要要素:①环境,在语言学习中，学生在这种环境下进行交流学习，杜威和布鲁纳等人对语言环境是非常重视的。②合作，在学习过程中，必须通过语言进行合作。③交流,“交流”或称“沟通”是合作过程中必不可少的组成部分。学生之间相互交流合作来完成规定的学习任务。显而易见，合作离不开相互交流。④意义建构,语言学习的最终目标就是意义构建，它主要是指学生能最终理解事物之间的本质联系。

在教学过程中教师占主导地位：学生是学习的主体，要做到主动学习，在真实的环境中顺利完成学习任务。但是为了让学生更好地理解知识，构建主义还需要教师提供一定的帮助，帮助学生梳理知识体系。首先，教师必须从自身角色开始转变，教师不仅仅是知识的传递者，更是学生学习的辅导者。例如学生要形成自己是知识的建构者的心理模式，那么在学习中就需要采取一种新的认知加工策略。因而，教师必须提供学习过程中需要的学习工具给学生，以便培养学生利用学习工具的习惯，以及学生自己构建知识网络和理解知识的能力。其次，教师应该经常提出一些发散思维的问题，这种问题通常会有一个或者多个答案，并鼓励学生想出多个答案来解决问题。最后，教师应该认识到，除了传递知识，教师的教学目标也包括情感的培养，在教学的过程中注重学生的情感方面，让教学真正与每个学生发生联系。

2. 建构主义理论的特点

以下几个方面就是建构主义理论特点的主要体现。

第一，交往的作用不容忽视。在教学过程中，交往备受人们的关注，因为只有交往才能突出学生的主体性地位。建构主义学习理论真正将教学看成是一种“交往的过程”，强调教学中交往的作用。以下两个方面就是教学中交往作用的主要表现。

学生之间的交往。交往是建立在语言交流的基础上的，学生们在一起学习交流，实际上是语言的实践和运用。

师生之间的交往。教师在课堂上占据主导地位，其目的是创造师生之间交往的环境。

第二，学习素材对学生的作用不容忽视。建立新型的因材施教观是学生的实际能力和学生的潜在能力都需要考虑的。这些观点在一定程度上对教学设计和教材的编写都会有很大的改变。

第三，学生个人的经验与交往的作用不容忽视。首先，个体根据自身经验去建构有关知识的意义的能力决定了获得语言知识的多少。其次，强调个体的社会经历，将个体的学习与社会的个人经历结合起来更有助于个体有效地掌握语言，可以使语言学习更具有实际意义。

总而言之，在教学过程中可以通过师生之间、学生之间的交流和合作共同完成教学任务。在交流和合作中，学生可以不断地张扬个性，发现自己的能力，增强自信心。更好地发挥学生在学习过程中的主导作用。

（二）情境教学法的实施

1.背景的设计

语言学习要在一定的社会文化背景（即情境）中实现。学生会在所提供的社会文化背景下，将已经理解的知识和新的知识联系起来，吸收新的知识，并且把旧的知识和新的知识融合在一起。所以，教师在教学过程中，不断创造出学生学习语言的社会文化背景，引导学生积极参与和学习。与背景设计相联系的几个因素如下。①

相关的范例。构建心理模型以备需要的时候或者是解决问题的时候参考。与此同时，还要想出解决问题的多重想法，培养学生的发散性思维。

学习的任务。教师首先向学生描述社会文化背景，然后再告诉学生学习任务。告诉学习任务的目的是激发学生的学习积极性，培养学习兴趣，吸引学生参与。与此同时，教师还应注意允许他们操纵某些维度，自己做出决策，在问题呈现的过程中为学生留出足够的操作空间。

学生的自主学习设计。建构主义指导下的情境教学法强调学生要主动建构知识的意义，如何设计出促进学生主动构建知识意义的学习环境中的重要一环就是自主学习设计。

①李松洋. 基于微课的情景教学法用于大学英语教学之实践[J]. 数据，2021(09)：103-105.

内因决定外因，外因通过内因起作用。在适当的社会文化背景下，学生需要独立自主，以便更好地完成学习任务。由此可见，学生的自主学习设计是情境设计中最重要的部分。

教师的引导：建构主义倡导以学生为中心，认为他们是知识意义的主动建构者，是信息加工的主体。同时，教师是整个教学过程的组织者、指导者和协调者，对学生的意义构建起促进作用，因为以学生为中心的教学设计的每一个环节都离不开教师的有效启发、认真组织和精心指导。所以，在设计促进学生主动建构知识意义的情境时，不可忽视教师的指导作用。如果忽视了教师的指导作用，学习活动就会成为没有目标的盲目探索。

学习资源。在学习过程中，学生首先确定学习资料的数量和种类，从而想出解决问题的办法。学习资源不但可以在书本中获得，还可以通过网络获取。这类信息和知识随时可以被学生选择。

学习工具。学生可以借助认知学习工具帮助自己进行各方面的分析、编辑等，用来表达出自己心中的想法。

2.意义的构建

如果学生在日常学习中得不到一定的吸引，也就很难加深教学方法和步骤，包括以下几方面。

教学目标的剖析。在以意义建构新知识为中心的前提下，学生在学习过程中进行独立探索，还有教师的指导。但是不同的学习阶段所学习的内容都是由很多个重要并具有特点的知识点组成，所以在学习中对我们学习的内容进行剖析，来确定和完成我们所学知识的基本内容意义构建。

自主学习策略的设计。自主学习策略是完成意义建构的基础。设计需要自主学习，同样，意义的建构也需要自主学习的策略设计。自主学习策略设计的目的是帮助学生选择有效的学习方式。元认知策略设计在自主学习策略设计中非常重要，是学生在学习过程中采用的学习策略之一。

协作式学习的设计。就同一问题为几个学生提供几种不同观点，不仅如此，它还可以培养学生之间的合作精神。

二、交际型教学法

（一）交际型教学法概述

20世纪70年代初期，交际型教学法逐渐产生了。当时，它是作为一种工具来进行教学的国外语言教学方法。可以说，当时的社会历史背景催生了交际型教学法的产生。

从20世纪70年代中期起，“交际能力”概念中包含了教育的实践、理论和研究的重大问题。这一概念与语言家乔姆斯基提出的“语言能力”形成鲜明对照。这个时候人们开始逐渐认同从社会的角度观察语言，于是社会需求和“交际能力”两个概念相结合，就形成了新思想即“交际语言教学”。其后，这种教学法就传入中国，并得到了较广泛的应用。

教师和学生在交际型教学模式中，他们的主要接受能力应当放在怎样利用语言作为介质以实现交际目的、完成任务上，而不是仅关注所述句子的结构是否完全正确。所以，交际型教学法是将语言的结构与功能很好地结合起来，要求教师不仅培养学生听、说、读、写等方面的语言技能，同时还要教会学生如何灵活地将语言技能运用到英语交际中去。

（二）交际型教学法的具体实践

1.设计交际活动

在交际型教学法的课堂环境中多设计强调语言功能特点的交际活动。其目的在于鼓励学生尽可能依靠已经建立的目标语知识体系来实现有效的交际，进而交换信息或者解决问题。具有功能交际特征的活动主要有描述、猜词、简短对话、角色扮演几类。

描述活动是指教师给学生一个具体的事物或具体的事件让学生来进行描述，主要加强学生对段落形式的运用和目标语的理解。比如教师可以让学生来描述自己的卧室、学校或者居住的城市的见闻。通过锻炼学生对事物的描述，既可以锻炼学生的思维与语言组织能力，又能帮助学生更好地进行交际。

教师还可以通过猜词语活动来锻炼学生的口语使用能力。开始学生必须充分掌握句子本身的含义才能得以灵活运用，对句子的掌握和运用是学生交际能力的基础。待猜词活动时，教师先请一名学生背对着黑板面向大家，然后请另外一名学生将一个刚学过的单词写在黑板上，请全班同学各自用英语解释黑板上单词的含义，让站在黑板前的同学来猜这个单词的拼法和意思。这种形式既活跃了课堂气氛，使每位同学都可以积极踊跃地参加，又寓教于乐，让学生在玩乐中轻松掌握对单词的理解，是训练学生口语更有效的方式。

简短对话活动在一定程度上可以决定交际能力的发展，学生可以通过对一些话题，如天气、心情、交通情况、体育赛事的讨论来进行简短对话。表面上看这些对话没什么含义，但它们对活跃社交气氛有着不可忽视的作用。所以，学生应尽可能地利用简短对话来与人沟通，用简短的文字恰到好处地表达自己的想法与见解，既能清楚明白表达自己的思想，又简短有力，不会因冗长的文字而令对方生厌。

但是，学生必须对交际活动中的信息确定一个共同的认识标准。在交际双方达成一种平衡，这种平衡在所共有的知识和交际活动中的不确定因素之间。它能够为交际的如期进行提供必需的动力。例如，交际活动在某一汽车展示厅内，一名学生认定要看的汽车车型小且时尚，而另一名学生却持完全相反的意见。平衡被打破，这样的交际便无法进行下去。

2.评价交际能力

对学生交际能力的评价是在设计完交际活动并由学生进行实践之后。教师所设计的交际活动，兼顾功能特征与社会特征。相应地，功能因素与社会因素也就成为对学生交际能力的评价的重点。当然，学生总体交际能力的评价，是对功能与社会两种因素统一的评价。

（1）对运用目标语得体性的评价

首先，可以选择目标语文化背景知识所确定的得体性决定交际的话题。隐私话题在不同的文化中有不同的想法。例如因为民风民俗的差异，一些在中国人看来常见的话题却不被外国人所接受。如果一个中国人问一个外国人"Are you married?""How old are you?""where are you going?"等，就会被视为违反了英美人民的生活习惯。

其次，与交际者之间的关系以及当时所发生交际的语境是判断对目标语的使用是否恰当的重要标准。例如"What's your name?"的表达形式虽然没有错误，但并不能用于打电话时询问对方的身份，而要采用"May I know who is calling?"的表达方式才算得体。

（2）对文化背景知识掌握的评价

这点在培养学生的交际能力时不可或缺，它有助于学生掌握语言运用的准确性。语言的本族语者所共有的社会文化习俗决定一种语言表达方式是否得体。因而，学习并掌握这些文化规则应该引起学生在交际过程中的注意。

教师在将带有文化误解的交际场景呈现给学生时，可以同时考查和评价学生对文化背景知识的掌握。本族语者负面情绪的产生可能源于这些文化误解，此时教师可以让学生判断并指出问题所在并加以改正。在这个过程中，教师引导学生了解和掌握目标语文化语境下的社会交往知识与技巧，同时可以观察、判断学生对该文化规则的掌握程度，提供启发性知识。同时，为巩固学生对母语文化的掌握，教师还可以对目标语文化与母语文化加以比较。这样有利于在目标语文化与母语之间形成一个健康的平衡状态，帮助学生在以后更好地进行交际。

（3）对约定俗成习俗掌握的评价

每一种语言都包含有大量固定语言形式和用法。如果学生对这些不清楚，即便语言表达再正确，但与约定俗成的用法不同，那么在交际过程中也会事倍功半，可能会遇到一些尴尬和困难。例如某些特殊场合只能用某些约定俗成的形式，像"Check, please"就只能在饭店结账时使用。

在英语教学中，这三个方面的评价是缺一不可、相互联系的。只有对这三个方面都了如指掌，才能有利于学生文化得体意识的培养，这恰巧是交际能力的重要组成部分。

三、任务型教学法

（一）任务型教学法的含义

任务型教学法焦点的中心就是任务。它强调活动要有明确的目标性，主要具有显著的特点。总之，任务型教学或学习是整个系统或课程中的组成部分，但任务不是一般的、孤立的或者可以任意组合的教学或学习活动。

（二）任务型教学法的具体实践

所谓的任务型教学可以分为任务前、任务中和任务后三个阶段。那么教学目标和教学技巧在每个阶段都有不同表现，下面我们分别介绍。

1. 任务前：准备阶段

任务前阶段即是“呈现”阶段。这一阶段的活动决定着整堂课的成败，是教学中非常重要的环节。教师在这一阶段通过各种活动，给学生介绍各种知识，给学生创设较好的学习环境。

任务前阶段的目的有两个：其一，激活学生的知识资源，重构语言系统与思维方式；其二，使学生具备文化知识，减轻在下一阶段的学习压力，让学生成为主动学生。

斯凯恩认为，任务前活动的两个重点分别是：对任务总体认知的需求、注重语言的因素。可以简单理解为，如果学生在认知方面的压力在任务前阶段可以减少，就可以有更多精力注意语言方面的因素。任务前的阶段主要涉及词汇的积累、背景知识的掌握、新语言材料的介入、语法特点的运用、仿作与演练、提供任务的示范等几个方面的准备与学习。

2. 任务中：实施阶段

在之前准备的基础上，语言技能习得的主要过程是任务实施阶段。这一阶段教师不仅要鼓励学生重构语言，还要注意学生语言表达的流畅性和准确性。在这一阶段，教师合理任务的选择极为关键，过高或过低的任务难度都不利于学生的学习。然而，教学中经常出现任务难度或高或低现象，由此可见，恰到好处地把握任务的难度却并非易事。

在任务中期阶段常常选择的活动方式是小组活动。在进行小组活动时，要对学生和教师的角色进行适当的转换，要有明确的个人任务与小组任务。除此之外，教师要掌握指导小组活动的进行。

3.任务后：语法教学阶段

我们已经知道，在任务型教学的目标分析中，并不仅要求说话流利，语言的准确性也非常重要。事实上，语言的形式都很受任务型课堂教学的三个阶段的关注。正如布朗所言，如果任务前和任务后是有意识地学习语言的形式，那么任务中则是注意语言的形式。因而，为学生提供了一个再做任务的机会，督促学生完成反思任务的过程并进一步关注语言的形式，是任务后阶段的意义所在。在任务后的阶段，主要不仅让学生重新演示任务的完成，还要让学生反思、分析自己在完成任务时的错误和问题。

第四章 大学英语的课堂教学实践策略

第一节 大学英语词汇教学

词汇是语言学习的基础，学生对英语词汇的掌握在很大程度上体现其英语学习水平的高低，词汇教学作为我国英语教学的重要组成部分，自然也受到了诸多关注。

一、词汇教学的定义

有关词汇的定义，中外诸多学者曾做过不同的论述。美国著名语言学家威尔金斯认为，学习词汇就是掌握英语单词与实物、概念、过程或品质等客观现实的关系和词与词之间的同义、反义等语义关系。这一观点是从掌握一种语言的词汇体系出发，强调掌握词义的重要性。①

里弗斯等认为词汇教学分为四个方面：集中注意力于词的形式，集中注意力于词的意义，通过联系扩大词汇量，轮回复习已经学过的词汇。这一观点是从词汇的教学过程出发，提出词汇教学应该包括的内容。

尽管以上对词汇教学的论述有些不同，但都突出了一点：词汇教学应该形、义兼顾，并突出词义的教学。可见，对词汇的形、义的教学是

①刘甜．范畴化理论在大学英语词汇教学中的应用研究[D]．长沙：湖南农业大学，2021.

英语词汇教学中的重点，这为我国英语教师进行英语词汇教学提供了参考。

我国学者李玉陈认为，教师应该结合我国的具体情况，在词汇教学中加上另一项内容，即教给学生学习词汇的方法。他认为，教师在词汇教学中的主要作用在于通过各种展示手段和各个教学环节培养学生独立学习词汇的能力。

可见，对于多数研究者来说，懂得一个词不仅指拥有一个词的各类知识，而且包括运用该词的能力：形式、词义、语法行为、与其他词的搭配、使用频率、语体风格与语域限制。而运用单词的能力主要指：接受能力与产出能力。换句话说，词汇能力应该包括词形、所处位置、语用功能、语义等方面的能力。

二、英语词汇教学的目标以及内容

（一）英语词汇教学的目标

依据相关规定将英语词汇教学的目标描述如下。

二级目标：学生可以学会使用600～700个单词和50个左右的习惯用语；学生可以了解单词是由字母构成的。

五级目标：学生可以了解词汇包括单词、短语、习惯用语与固定搭配等形式；学生可以理解与领悟词语的基本含义及在特定语境中的意义；学生可以运用词汇描述事物、行为与特征，说明概念等。学生可以学会使用1500～1600个单词和200～300个习惯用语或固定搭配。

八级目标：学生可以运用词汇理解与表达不同的功能、意图与态度等；学生可以运用词汇描述比较复杂的事物、行为与特征，说明概念等；学生可以学会使用3000个单词和400～500个习惯用语或固定搭配。

依据相关规定对大学英语词汇教学提出了三个级别的要求：一般要求、较高要求和更高要求。这三个级别的要求对大学英语词汇的数量要求分别为掌握4795个单词和700个词组、6395个单词和1200个词组、7675个单词和1870个词组。

（二）英语词汇教学的内容

一般来说，词汇教学主要包括以下四个方面。

1.词汇意义

由于母语与目的语之间存在较大的差别，从语义角度上看，一些词汇的含义就其内涵、外延而言在两种语言中有着不同之处。词汇教学的首要任务就是让学生知道所学单词的意思。

一个单词的意义往往离不开语境，特别是在课文中，是受上下文制约的。在教学中，教师应通过各种手段使学生了解语义和语境之间的关系。例如：

Make up 编造；组成；化妆

make a difference 有影响；起（重要）作用

Make a face 做鬼脸

make a promise 答应；允诺

make off 逃走；偷走

以上都是由make构成的词组，然而和不同的单词搭配，在不同的语境中使用，产生了不同的含义。所以，教师应该有意识地引导学生，不要让学生以为一个单词只有一个固定的含义，否则一旦发生变化，学生就会感到疑惑不解。

一些语义上有差异的单词对非本族人来讲感觉很迷惑，对这些概念的澄清也是词汇教学的任务之一。例如汉语的“战斗”可以用英文fight、battle、struggle、war、combat等表示，这些表示同一概念的不同词汇对非本族人来说也是很难理解的，教师在教学过程中要注意同义词、近义词的辨析，及时为学生答疑解惑。

2.词汇场合

词汇使用场合一般有搭配、习语、短语、语域、风格等，不同的词汇用于不同的场合中，例如，我们常用hot形容热，这是书面语中的用法，将其放在口语中，意思就完全不一样了，比如“That is a hot guy”中的hot是形容一个人身材或是长相很吸引人。

3. 词汇信息

词汇信息主要包括词类一词的前缀、后缀，词的发音和拼写等。这些都是词的最基本信息，也是学生应该掌握的最基本的词汇内容。例如，常见的前缀有de-、dis-、en-等，常用的后缀有-able、-acity、-ing等。

4. 词汇用法

词汇用法就是各种类型词的不同用法。如名词的可数和不可数、动词的及物和不及物、及物动词的扩展模式、应接什么样的宾语。不定式还是动名词、能否接从句、能否接复合宾语等。例如，只能接动名词而不能接不定式的词有allow、permit、consider、suggest、suggest等。

三、英语词汇教学应遵循的原则

（一）英语词汇教学的情境性原则

传统的词汇教学通常是先教词的读音、拼写，再解释词的构成及其语法范畴，然后罗列词的各种意义和用法，最后进行造句练习。这种将单词的读音、拼写、语法、意义、用法和运用相互孤立的教学很容易使学生感到枯燥无味，不仅不利于学生理解和掌握所学的词汇，而且很容易使他们对英语学习失去兴趣和积极性。在实际的语言交际中，人们表达思想一般都是以句子为单位的，而词只是句子的组成部分。因此，词汇的教学不应该是孤立的，而要与句子、语段结合起来，还要设置情境，借助情境来进行词汇教学。只有将词汇教学融入一定的情境中，学生才会更好地理解语言材料中的词义，掌握词的用法。此外，词的许多语音特征、变化规律以及不同意义的展示也只有在句型情境中才能综合地体现出来。在情境中教单词，不但可以帮助学生理解词义，加强记忆，而且有助于学生把所学词在交际中恰当地使用。因此，教师要根据教材内容，想尽办法创设语言环境，使学生置身于一定的语言情境之中，从而使学生能够处在较为真实的情境中进行多种语言练习。常用的创设情境教词汇的方法有以下三个。

情境造句。教师可创设文字情境或动作情境，由教师示范，学生模仿。

情境对话。例如在教单词excuse时，教师可先与一名学生做一次示范对话，然后让学生两个一组做pair work来模仿记忆单词。

Teacher：Excuse me，May I use your book？

Student：Yes，here you are.

Teacher：Excuse me，Can you help me？

Student：Yes，it’s a pleasure.

情境录音。如教授单词noise（噪声）时，教师可先播放课前所录学生互相讲话声、十字路口的喇叭声、叫卖声等，学生听过录音后。教师向学生提问；

Teacher：What do you hear？

Student：噪声。（由此引出英文单词noise）

Teacher：Some students，cars and other things made the great noise，didn’t they？

Student：Yes，they did.

（二）英语词汇教学集中与分散相结合的原则

在英语词汇教学中，将集中教学和分散教学结合起来是十分有效、必要、可行的措施。集中教学，可以使词汇更具系统性，更能发挥学生智力因素作用，学习强度越大，越能锻炼学生的记忆力，从而迅速提高学生非智力因素的修养。但是集中教学法并不适用于任何情况的教学，长期使用也会使学生感到烦躁、厌倦。所以将集中教学和分散教学相结合是最好的办法。

集中教学的特点主要有以下几个。

1.词汇选择

在词汇选择上，集中教学不仅包括教科书后词汇表上的词，而且还有一些常用词。前者能够扫清课内教学的障碍，后者可以为课外阅读创造条件，二者相互结合，不仅有助于学生扩大词汇量，而且可以培养学生养成课外阅读、课外自主学习的习惯。

2. 方法程序

集中教学的方法程序如下。

思想动员。向学生说明集中识词记词的可行性、任务、方法、困难与利弊等，同时也要求学生做单词卡片，每词一卡。

系统介绍记忆与遗忘的规律。介绍记忆成批词的循环记忆法和单个词的分析结构、联想、对比等，介绍减少遗忘的方法。

首先示范100词，小结经验，然后才正式开始集中识词。每天一节课教100词，每个星期识500词，复习一次，集中学习1200个词。

3. 战略优势

战略优势的特点如下。

突破词汇难关，为其他方面的教学做好铺垫。

在短期内让学生树立学好英语的心理优势，每节课学习100词，以后碰到几十个词的材料也就不感到恐惧了。消除学生对英语的一种恐惧心理。

有效培养学生的记忆能力，学会科学记忆的方法，对将来一生都有用。

集中教学结束后，必须要有分散巩固，以便学生更好地理解、掌握和运用所学单词。所谓分散是指集中成组的词分散于词组、句子、文章中去，进行听、说、读、写训练，化知识为技能，使词汇记忆由暂时过渡到长久、分散，实质上是大量集中知识学习转化为大量集中技能训练。当然，从形式上讲，分散是把词汇教学由集中于词汇课而分散到其他课和环节上去，集中教学可以使词汇教学具有系统性，而分散记忆可以减轻学生的记忆负担，两者结合可以提高词汇教学的效果。

（三）英语词汇教学的直观性原则

在英语教材尤其是基础教育的英语教材中，大部分词汇都是活用词汇；具体地说，是一些常见常用的词汇，或者说都是可与直接观察到的事物相联系的名词、动词、形容词和人称代词。例如，表示事物外在特征的big、small、tall、short、thin、fat等；表示周围事物的window、door等；表示颜色的blue、green等；表示常见动作的walk、sit、stand up等；

表示人称的I、you、he、she、their、our等；表示人对事物评价的good、excellent等；表示人的感觉的cold、hot、cool等。这些教材多是生动活泼的口语，有很多形象直观的插图。所以，在词汇教学中我们可设计各种各样的语言环境，把枯燥的词汇用直观的形式展现出来。这种直观的教学形式可以带领学生置身具体的环境之中，集中学生的注意力，激发学生的英语学习兴趣和积极性，并有助于学生理解所学词汇的含义，从而促使学生将英语与客观事物联系起来。

在英语词汇教学中，教师可以借助多种手段将词汇教学直观变化。

实物直观，即教师注意利用教室的环境就地取材，或提前准备物品直观呈现语言项目。

形象直观，主要指教师运用模型、图片、卡片、简笔画、电教设备等模拟实物的形象来呈现语言项目。

言语、动作直观，即教师运用听、说、唱、做、演、画等方式，通过生动的语言、良好的表情、形象化的动作吸引学生注意力，使学生较快地理解单词，识记语言项目。

以上直观教具的运用，可以使教师充分调动学生多种感官的参与，使他们在看得见、听得到、摸得着的教学过程中习得英语词汇，发展思维，培养能力，刺激记忆。

（四）英语词汇教学的文化性原则

语言是文化的载体，词汇结构、词义结构和搭配都与该语言的文化相连。由于在不同的语言中，词语的意义完全相同的情况很少。即使词语相同，所表示的意义在不同的语言中也会有所不同。例如，green在英语中表示嫉妒，而汉语中主要是“绿色”的含义，一般表示自然。词汇教学能够引导学生由意义到文化，由文化到思维，可以使学生学会掌握词义演变的规律，从而全面掌握词汇的意义，进而有效地进行跨文化交际。因此，词汇教学不能只停留在词汇的字面意义，还要引申到文化方面，包括特殊文化背景、一般文化背景和相通文化背景等。

特殊文化背景。例如，Indian（印度人，印第安人）、China（中国）、china（瓷器）、black（黑色的，黑人）等。

一般文化背景。例如，see（看见，明白）、Letter（字母，信）、paper（纸，论文）等。

相通文化背景。例如，fish（鱼，渔）、foot（人脚，山脚）、head（头，头儿）等。

第二节 大学英语语法教学

在英语教育界，大学英语语法教学一直是个热议的话题。语法作为语言的使用规则，对于指导人们的语言实践具有重要作用和意义。随着大学英语教学改革的持续推进，许多大学英语教师也开始对语法教学进行研究和探索。

一、大学英语语法教学的目标及内容

（一）语法教学的目标

关于大学英语语法教学的目标，在教学要求上按级划分，每学期为一级，分别为入学要求、二级要求、四级要求、六级要求、八级要求。

1.入学要求

能识别词类。

区分名词的可数性和不可数性，区分可数名词的单、复数形式。

基本掌握各种代词的形式与用法、基数词和序数词、常用介词和连词、形容词和副词的句法功能、比较级和最高级的构成及基本句型、冠词的一般用法。

了解动词的主要种类、时态、语态及不定式和分词的基本用法、句子种类、基本句型和基本构词法。

2.二级要求

掌握主谓一致关系、表语从句、宾语从句、定语从句和状语从句等句型、直接引语和间接引语的用法、动词不定式和分词的用法、各种时态、主动语态、被动语态和构词法。

3.四级要求

熟练掌握主语从句、同位语从句、倒装句和各种条件句。

初步掌握句子之间和段落之间的衔接手段。

4.六级要求

较好地掌握句子之间和段落之间的衔接手段，如照应、省略、替代等。

5.八级要求

较好地掌握句子之间和段落之间的衔接手段，如照应、省略、替代等。熟练地使用各种衔接手段，连贯地表达思想。

（二）语法教学包含的内容

在大学阶段，不仅要进一步深化对词法和句法的学习，还要进一步学习章法。具体包括以下两个方面的内容。

1.词法和句法

词法和句法是英语语法教学的主要内容。词法又可以分为构词法和词类。

构词法讨论不同的词缀、词的转化、派生、合成等内容，词类可以进一步分为静态词和动态词。当然，静态词并不是绝对不变。例如，形容词有比较级和最高级的变化，名词就有格、数、性等的变化。动态词主要包括动词以及直接与动词相关的语态、时态、分词、动名词、不定式、情态动词、助动词、虚拟语气、不定式等。

句法可以大致分为三大部分，分别为句子分类、句子成分和标点符号。句子的分类有不同的标准，可以按句子的结构分为简单句、复合句和并列句，也可以按句子的目的分为陈述句、祈使句、疑问句、感叹句。与句子有关的内容还包括主句、从句、省略句等。句子成分主要包括主语、宾语、定语、状语、表语、同位语、独立成分等。标点符号也是句法学习的内容之一，此外还有词组的分类、功能、不规则动词等。

2.章法

在语言学习的高级阶段，章法也是语法教学的主要教学内容，学生对于词法和句法进行一段时间的学习之后，已经打下坚实的语法基础，此时进行章法的学习就比较容易。章法的教学内容主要涉及句子之间的逻辑关系、篇章的结构逻辑等。表示比较对照的词语，如by contrast、by comparison、unlike；表示程序的词语，如first、second、then、finally等都属于章法的范畴。例如，想要判断下面两组句子的可接受程度，就需要运用章法知识。

Please leave a message after the beep.This is 5632462.We are not at home right now.

This is 5632462.We are not at home right now.Please leave a message after the beep。

胡春洞认为，英语语法内容纷繁复杂，许多学生在学习语法知识时常常顾此失彼，这就成了学生在语法学习和使用中最困难的地方。因此，语法教学必须有一个核心。语法教学的核心是整个语法知识和技巧发展的基点。而从词法上看动词形态变化和从句法上看主谓基本结构就是英语语法的一个核心和基点。

胡春洞的这一观点主张首先抓住核心问题，然后围绕核心问题不断扩展。例如，首先以动词和谓语之间的纽带关系，通过谓语拉动与动词相关的一系列动态词法内容，并逐渐扩展到主语、宾语、定语、状语、表语等句子成分与相对静态的形容词、名词、副词、代词、数词等词类的关系。

在众多的英语教材中，《英语900句》可能是最有代表性的一套。这套教材以句型结构为组织原则，以900个句子为基本核心和基点，学生掌握了900个基本句子，就能从这900个基本句子中演化出其他所有的英语句子。霍恩比编写的《牛津高阶英语词典》中，将纷繁复杂的英语语法归纳为51种句子结构，并进一步浓缩为25个动词句型，显著促进了英语教学的发展。可以说，对于隐性英语语法教学来说，上述经典材料有着非常重要的参考价值。

二、语法教学策略的应用

（一）语境教学策略的应用

运用语境法教授语法是指结合具体的语境对语法知识加以阐释。这种教学策略于无形中解决了传统语法教学中对外在语言环境的忽视。例如，可以在模拟的情景中扮演角色，在角色扮演中巧妙地创设语言情景来设计语法教学。这样不仅能克服非母语教学的缺陷，而且还利于激发学生对于语法学习动力和兴趣，提升教学活动的效果。下面将结合创立语境通过介词的语法教学实例对这种语法教学方法加以分析。①

步骤一：教师引导学生想象搬新家后的情景，情景中涉及的情境包括自己的房间如何设计以及家具如何摆放，其中家具包括a sofa，two armchairs，pictures on the walls，a television set，a light，a piano，a table lamp，and so on。两人一组讨论，限时10分钟。

步骤二：教师播放一个内容涉及两个人决定如何在起居室摆放自家家具的对话录音，对话中涉及大量介词的使用，并让学生画出所有家具的位置。

步骤三：引导学生阅读材料，将所有介词标示。

（二）活动教学策略的应用

由于语言规律的教和学一般都很枯燥，所以教师应尽可能多地设计一些新鲜、有趣的教学活动，这既有利于调动学生语法学习的积极性又能够提高学习效果。下面是较为常见的活动教学策略。

1.爱好选择

在爱好选择活动中，不仅提问者可以自由提问关于爱好选择的问题，回答者也可以根据自己的喜好自由做出回答，是一种自由且个性化的语法练习方式。此外，参与者只需提问回答即可，简便易行，常用于比较级和最高级的教授。例如：

S1：What about the final examination in your chorus?

①李冰．显性与隐性融合的教学模式在大学英语语法教学中的实证研究[D]．沈阳：沈阳师范大学，2019.

S2：Well， Gloria sings best all along.

S3：Which do you prefer， eating at home or outside?

S4：I enjoy eating at home.

2.找主人

“找主人”常用于名词性物主代词与形容词性物主代词的教学，其具体操作步骤如下所示。

教师准备一个盒子。

教师请每位学生将自己的一件物品放入盒中。

教师为学生进行活动的示范。例如：

Teacher：Now，look，what’s this?

Students：A ruler.

Teacher：Yes，this is a ruler，But whose is it? John，is it yours?

John：No，it is not mine.I think it is Jane’s.

Teacher：Is it yours，Jane?

Jane：Yes，it is mine.

Teacher：Here you are.

Jane：Thank you，Ms.He.

教师组织学生轮流为盒子里的物品找主人。

需要特别指出的是，为了让更多的学生都有机会参与，教师应安排每名同学只负责为一件物品找主人。此外，教师还要注意适时地对学生进行鼓励和肯定，从而提高学生练习的热情。

（三）归纳教学策略的应用

行为主义理论指出，英语学习即通过类比推理来学习，所以特别强调归纳教学策略。具体地说，归纳教学策略主要有三个步骤：观察—分析和比较—归纳或概括，即教师先为学生列举一些含有要学习的语法规则的语言材料，使他们对所学内容产生初步印象。然后，由师生共同观察和分析实例，并由学生归纳出语法规则，教师加以指导或纠正，最后组织学生进行大量练习。

下面是一则采用归纳策略教授虚拟语气这一语法知识的实例。

教师为学生播放Jack Johnson的歌曲If I Could，同时引导学生跟唱。

教师为学生展示下面这段短文。

If I were a boy again，I would practice perseverance more often，and never give up a thing because he was difficult or inconvenient…

If I were a boy again，I would school myself into a habit of attention；I would let nothing come between me and the subject in hand，I would remember that a good skater never tries to skate in two directions at once…

If I were to live my life over again，I would pay more attention to the cultivation of the memory…

教师为学生同时展示歌词与短文。

教师组织学生进行小组讨论，发现并归纳出虚拟语气的句子结构及句子中的动词形式。

教师点评学生归纳出的语法规则。

教师为学生讲解虚拟语气的语法规则。例如：

We use the structure “If sb. were/could…，sb. would…” when the situation being referred is not real，it is hypothetical.

教师组织学生以结对子的形式做句型练习。例如：

If I were you…I would…/I wish I could do…

教师组织学生以四个人为一组的形式展开讨论，讨论主题如下。

A.If you were the English teacher of our class，what would you teach your students?

B.If you were the head teacher of our class，what would you do for your class and what changes would you make first?

教师请各小组派出代表轮流向全班同学汇报讨论结果。

教师针对小组代表的报告进行点评与总结。

在该教学实践中，教师首先通过歌曲和短文导入虚拟语气的内容，然后让学生在轻松、愉快的语境中自己发现、归纳语法规则。为加深学生对虚拟语气结构的理解，教师接着以小组的形式组织一系列的教学活动并为学生提供实际操练的机会，这就使学生在完成任务的过程中，愉快地感受和体验学习过程并获得学习的成就感。

可见，归纳教学策略符合语言习得的自然顺序，属于发现型的教学活动，可以有效克服“填鸭式”教学的弊端，不仅有利于培养学生的探索精神，提高他们发现问题、解决问题、归纳、类比等逻辑思维能力，而且对学生通过语言规律的分析、归纳、总结来深化语法理解有重要意义。但是，归纳教学策略也有其缺点：过程烦琐，费时费力。

（四）演绎教学策略的应用

归纳教学策略是从一个个具体的语言材料中提炼出来的语法规则，是一种从特殊到一般的过程。演绎教学策略与其完全相反，是先给出语法规则；然后运用此规则开展练习，是一种从一般到特殊的过程。

在语法教学过程中，演绎教学策略也较为常见。具体来说，通常先由教师对语法现象和规则进行讲解，以帮助学生形成初步印象。然后，教师举例说明这一规则在例句中的运用和功能，最后按照规则做练习。演绎教学策略一般有下面两种形式。

1.模仿造句

根据给出的例句样本做造句练习。例如：如果教师为学生提供下列短语与例句。

Green lawn，lovely dog，clean house，pretty garden，Gloria

范例：Paul has the nicest house in the town.

那么学生可能输出下列句子。

Gloria has the greenest lawn in the town.

Gloria has the loveliest dog in the town.

Gloria has the cleanest house in the town.

Gloria has the prettiest garden in the town.

2.变换结构

学生通过实践更加深入地体会与使用语法知识，教师还可要求学生用给出的指示词将例句的语言结构变换为另外一种类似的结构。例如：根据不同时态中动词的变化规则，运用所给的副词或副词短语来变换句子。

Students have math and chemistry today.（tomorrow，English and music）

NOW Tom works in Nanjing.（ten years ago，Beijing）

Lily usually has breakfast at seven.（this morning，nine）

可能输出下列句子。

Students will have English and music tomorrow.

Ten years ago，Tom worked in Beijing.

This morning Lily had breakfast at nine.

演绎教学策略一般适用于一些有难度且学生很难靠自己总结出规则的语法项目的教学，不仅直截了当、省时省力、教学效率高，而且可以提高学生学习的自信心与积极性。但是演绎教学策略常常将大量时间和精力用于语法规则的讲解，练习方式也较为机械、枯燥，使学生失去了自己观察、分析、发现以及解决语法问题的过程和机会。

第三节 大学英语听力教学

随着教学改革的不断深入，社会发展对大学英语听力教学提出了新的要求，而听力教学一直是我国英语教学的薄弱环节，为此，我们必须深刻认识到传统英语听力教学中存在的不足，了解影响听的因素，正视我国大学英语听力教学面临的问题，明确教学内容与教学目标，并在此基础上探索大学英语听力教学的新方法。①

一、大学英语听力教学的目标以及内容

（一）英语听力教学的目标

英语听力教学是英语教学的重要组成部分。对于英语人才的培养以

①屈茜茜.大学英语新闻听力教学现状及对策研究[D].喀什:喀什大学,2020.

及跨文化交流的顺利进行都有着积极的影响作用。但是我国英语教学长期处于传统教学模式的影响下，教学过程中对英语基础语言知识的教学过分关注，而忽视了学生的听说能力的培养。因此，为了改革英语教学的模式，提高英语教学质量，教育部开展了英语教学改革活动，并制定了相关规定，作为各高等学校组织非英语专业本科生英语教学的主要依据。其对大学英语教学的目标进行了三个层次的划分，即分为一般要求、较高要求、更高要求，其中关于听力教学的目标规定如下。

1.一般要求

英语听力教学的一般要求主要有以下几个方面。

能听懂英语授课。

能听懂日常英语谈话和一般性题材的讲座。

能听懂语速较慢（每分钟130～150词）的英语广播和电视节目，能掌握其中心大意，抓住要点。

能运用基本的听力技巧。

2.较高要求

英语听力教学的较高要求主要有以下几个方面。

能听懂英语谈话和讲座。

能基本听懂题材熟悉、篇幅较长的英语广播和电视节目，语速为每分钟150～180词，能掌握其中心大意，抓住要点和相关细节。

能基本听懂用英语讲授的专业课程。

3.更高要求

英语听力教学的更高要求主要有以下几个方面。

能基本听懂英语国家的广播电视节目，掌握其中心大意，抓住要点。

能听懂英语国家人士正常语速的谈话。

能听懂用英语讲授的专业课程和英语讲座。

通过对上述三种要求的分析可以看出，教学过程中促进学生听力理解和技能运用能力的提高是听力教学活动开展的主要目标。了解了英语听力教学目标，在教学过程中，教师应该有意识地培养学生的听力技能以及交际中信息的获取能力。

（二）英语听力教学包括的内容

大学英语听力技能教学的内容通常包括五个方面：听力知识、听力技巧、听力理解、逻辑推理以及语感。下面就对这五项内容分别展开介绍。

1.听力知识

听力知识包括很多方面，如语音知识、语用知识、策略知识、文化知识等。

同一个句子会因发音、重读、语调等的变化而表达不同的意思，表示不同的态度和感情。熟练掌握英语的发音、重读、连读、意群和语调等语音知识有助于提高学生的语音识别能力和对语音的反应能力。因此，语音知识不仅是语音知识教学的内容，还是听力技能教学的内容。教师在讲授语音知识时，需要重视对学生听音、意群、重读等方面的训练，训练内容既要包括词、句，也要包括段落、文章，使学生熟悉英语的表达习惯、节奏，适应英语语流，从而为学生提高听力理解打下坚实的基础。

除语音知识以外，语用知识、策略知识、文化知识也是提高英语听力水平的必备“武器”。语用知识有助于学生真正理解话语的内涵；策略知识有助于学生根据听力材料和听力任务的不同选择合适的听力策略，改善听的效果，文化知识则有助于学生准确理解听到的内容，能避免对听到的内容产生歧义，并为学生补充那些未听清的内容。

2.听力技巧

英语听力技巧主要包括略读题目，划重点；快速记录，抓关键；注意推理；对数字和地点敏感等内容。

教授学生听力技巧时，可以采用以下几个步骤：

（1）基础听力训练：首先，需要让学生熟悉各种不同的语音和语调，包括母语和非母语的发音。可以通过播放各种语音样本，让学生识别和模仿。

（2）提高听力理解能力：教授学生如何从听力材料中提取关键信息，例如人物、地点、事件等。可以通过填空、选择题或者简答题来测试学生的理解程度。

（3）增强词汇量：鼓励学生扩大词汇量，因为词汇量的大小直接影响到听力理解。可以通过词汇游戏、背诵单词等方式来帮助学生记忆新词汇。

（4）提高语法理解能力：教授学生如何理解复杂的句子结构和语法，因为语法错误会影响信息的正确理解。可以通过分析复杂句子的结构，让学生理解主谓宾、定状补等语法成分。

（5）培养听力习惯：鼓励学生多听英语，包括英语电影、音乐、新闻等。通过不断地接触英语，学生可以提高听力水平。

（6）定期进行听力测试：通过测试，可以让学生了解自己的听力水平，同时也可以检测教学效果。

（7）提供反馈：在听力教学中，提供及时的反馈非常重要。教师需要关注学生的进步，并对他们的错误进行纠正。

通过以上方法，可以帮助学生在大学阶段提高英语听力技巧，为他们的未来学习和工作打下坚实的基础。

3.听力理解

教授听力知识和听力技巧的目的在于帮助学生理解听到的内容。因此，大学英语听力技能教学上除了知识和技巧方面的教学之外，更多地应该通过各种活动训练学生对句子和语篇的理解能力，使学生的理解由“字面”到“隐含”再到“应用”，理解步步加深。

听力理解包括以下几个阶段。

辨认。辨认主要包括语音辨认、信息辨认、符号辨认等方面。尽管辨认处于第一个阶段，属于第一层次，但却是后面几个阶段开展的重要基础。一旦学生无法辨认听到的内容，那么理解也就无从谈起了。辨认可分为不同的等级，最初级的辨认是语音辨认，最高级的辨认则是说话者意图的辨认。教师可以通过正误辨认、匹配、勾画等具体方式训练和检验学生的辨别能力，如根据听到的内容给听力材料的句子排序。

分析。分析要求学生能将听到的内容转化到图、表中去。这个阶段要求学生可以在语流中辨别出短语或句型，以此对日常生活中的谈话内容有大致的理解。

重组。重组要求学生用自己的语言将听到的内容以口头或书面的方式表达出来。

评价与应用。这是听力理解的最后两个阶段，要求学生在前面三个阶段获得信息、理解信息、转述信息的基础上，能够运用自己的语言对所获得的信息进行评价和应用。在实际教学中，可以通过讨论、辩论、问题解决等活动进行。

以上这几个阶段是一个循序渐进的过程。任何级别的听力学习都必须经历由辨认到分析再到应用的一系列过程，然后才能逐步得到提高。

4.逻辑推理

除听力知识、听力技巧和听力理解以外，语法和逻辑推理知识也是正确判断和理解语言材料的必要条件。因此，大学英语听力技能教学必须重视对学生语法知识的巩固和逻辑推理的训练。

5.语感

语感是对语言的直接感知能力。良好的语感有助于学生即使在语法有所欠缺的条件下依然能够快速而正确地做出判断，显然，学生如果具备好的语感，听力理解的效果就会好很多。因此，在大学英语听力技能教学中，教师应注意对学生语感的培养。

二、英语听力教学策略的应用

英语听力教学并不是随意而为的，需要运用科学的教学策略。下面简要介绍几种常见的听力教学策略。

（一）实用听力策略的应用

心理语言学认为，内在动力是学生持续学习和取得优秀学习成绩的真正动力源泉。因此，在听力教学过程中，教师可以有意识地吸引学生英语学习的兴趣，提高其内在的学习兴趣。

通过对教学中听力材料的分析，可以发现现存的很多听力材料的实用性并不是很强，这在一定程度上影响了学生英语听力学习的兴致。由于学非所用，学生对听力的兴趣便会降低，因此教师可以采用一些实用的听力策略，增加听力材料的实用性，如电影、通知、新闻等的听力材料。

1.听电影

看电影是一种颇受大众喜爱的休闲和娱乐方式，而且很多经典的商业英语电影也是中国学生追捧的对象。抓住了这一点，教师就可以将电影应用于听力教学中，从而提高听力教学的效果。例如，教师可选取一些经典的英文电影，让学生不看画面直接听；或去掉字幕，让学生一边看画面，一边听电影中的对白。

2.听通知

在日常生活中，我们坐地铁、去机场等，总会听到报站、登机、晚点等通知。听懂这些通知对学生日后的外出、旅行十分重要，因此这类材料往往能引起学生听的兴趣和重视。抓住了这一点，教师就可以多给学生播放一些通知，并鼓励学生课下多听这类材料，并告诉学生听通知的时候要注意其中的细节信息。

刚开始听新闻的时候，学生只要理解新闻的大概意思即可，不必掌握所有细节。这就要求学生必须有针对性地听，抓住新闻材料中的关键词。当学生听习惯了英语新闻后，则可注意听其中的细节信息，加深理解。

（二）信息辅助策略的应用

心理语言学研究认为，图式理论对于语言的理解和记忆有着极为重要的作用。人们对于某一事物的认识并非杂乱无章地存在于大脑中，而是围绕一个主题相互联系着存储记忆的。当人们感受到某一事物时，脑海中往往会浮现出与之相关的所有信息。利用这一理论，教师可在教学过程中刺激学生的听觉、视觉、已有知识来帮助学生更好地理解听到的内容。

1. 利用听觉信息

听觉信息主要包括语气和语调。语气和语调的改变往往会改变话语的含义。有时，学生可能对听到的内容不太确定，或理解不深，但如果他们熟悉语言材料中的语气、语调，就能以此来判断说话人的意图或态度。因此，在听力教学初期，教师可为学生提供一些带语气、语调的听力材料，帮助学生将听到的内容和语气、语调结合起来，一方面有助于学生理解材料中的情感、观点；另一方面也可以为学生建构图式，有助于日后再遇到这类材料时的听力理解。

2. 利用视觉信息

尽管听力教学主要训练学生依靠听来获取信息的能力，但在听力教学初期或所听材料较难的时候，教师可利用与所听内容相关的文字、图片等工具为学生提供一定的视觉信息，这将会给学生的听力理解带来十分有利的帮助。例如，教师在播放一段英语新闻时，视频下方显示的新闻关键词、新闻事件的画面内容都对学生听懂新闻有很大的帮助。因此，在英语听力教学过程中，教师要注意听觉信息的呈现，从而帮助学生提高听的效果和听的信息，逐渐提高听力水平。

3. 利用已有知识

已有知识不仅包括学生日常学习到的语言知识，还包括英语国家的生活常识和背景知识。一般的生活常识和科普知识可以扩大学生的知识面，拓宽学生的听力范围；一定的背景知识可以使学生克服听力中的许多困难。这些相应背景知识的缺乏往往成了阻碍学生听力顺利进行的重要因素。由此不难看出，充分利用已有的知识可有效帮助学生完成听力任务。这就要求学生必须具备一定的背景知识，并在听的过程中将这些背景知识激活，以辅助听力任务的完成。为实现这一点，在选择听力材料时，教师可适当选取一些文本本身就带有背景介绍的听力材料，为学生的听减轻困难，同时帮助学生积累这类知识。

（三）灵活练习策略的应用

英语能力的提高需要师生共同努力，教师需要根据教学实际进行科学教学，同时学生也需要进行勤奋的练习。听力能力的提高需要学生进行主观性的努力，因此教师可以在课堂教学过程中增加学生练习的机会。

1.培养听细节的能力

由于听力的目的不同，对于听力材料内容理解的重点也会有所差异。有时听力不仅要求学生理解文章大意，还要能够把握文章的重要细节，如时间、地点、人物、事件等。因此，在听力教学中，教师还应设计一些细节题，考查学生抓取细节信息的能力。

2.培养听大意的能力

在听力学习中，学生很容易有这样一个错误的认识，即要听清每一个单词，弄清楚每一句话。这就导致学生常常因为纠结于一个生词而错过了后面大量的信息，最终既没有抓住要点，也无法全面理解文章含义。事实上，要听准每个单词、理解每句话的含义是不太可能的，也是没有必要的。大部分时候，学生只要能够理解文章大意。掌握几个关键点即可。要实现这一点，教师应让学生将注意力放在文章大意上，注意培养他们快速获取文章主旨的能力。

3.培养预测能力

预测是一项重要的认知策略，也是听力学习乃至整个英语学习的重要能力。在听的活动开始之前，教师利用标题、图片等来激活学生的图式，使学生对要听的内容做出预测。需要注意的是，上述所列的教学策略需要教师根据具体的教学实际、学生特点等因素进行适当处理，从而真正使教学策略应用到现实教学过程中。

第四节 大学英语口语教学

口语是人类交流信息和表达思想的方式之一。随着社会的发展和国际交往的日益密切，运用英语进行口头交流的机会越来越多。然而，目前我国的英语口语教学依然存在一些问题，学生的英语口语表达能力有待提高。在教学改革背景下，探索新的教学方法对大学英语口语教学尤为重要。

一、大学英语口语教学的目标以及内容

（一）大学英语口语教学的目标

针对大学英语口语教学的目标划分了三个层次，具体如下。

1. 一般要求

能在学习过程中用英语交流，并能就某一主题进行讨论。能就日常话题用英语进行交谈。能经准备后就所熟悉的话题做简短发言，表达比较清楚，语音、语调基本正确。能在交谈中使用基本的会话策略。

2. 较高要求

能用英语就一般性话题进行比较流利的会话。能基本表达个人意见、情感、观点等。能基本陈述事实，理由和描述事件，表达清楚，语音、语调基本正确。

3. 更高要求

能较为流利、准确地就一般或专业性话题进行对话或讨论。能用简练的语言概括篇幅较长、有一定语言难度的文本或讲话。能在国际会议和专业交流中宣读论文并参加讨论。

（二）大学英语口语教学的内容

大学英语口语教学的内容主要包括语音训练、词汇、语法、会话技巧、文化知识等。

1. 语音训练

语音是学习英语口语的基础。语音训练的目标就是掌握正确的语音和语调，包括重读、弱读、连读、音节、意群、停顿等。错误的发音或不同的语调会造成对方理解困难，甚至产生误解。例如：

A：This movie is meaningless.

B1：It\is.（非常肯定）

B2：It/is.（可以是漫不经心的附和，也可以是表示不耐烦）

B3：It\/is?（稍带责备口吻，意思是“你怎么会这样认为”）

根据上述例子可知，语调不同，句子表达的意义也不同。

2. 词汇

词汇是英语学习的基础，无论是英语听力、阅读、口语还是写作都离不开词汇。没有足够的词汇量就没有足够的输出语料，因此就不能进行信息的交流和沟通。词汇是信息的载体，如果没有足够量的词汇，就不能在脑中形成既定的预制词块，这必然会影响英语的输出效率。有效的输入是词汇输出的条件，口语交际功能的实现离不开充足的词汇量作支撑。在口语教学中应加强学生词汇量的积累。

3. 语法

语法是单词构成句子的基本法则，要想实现沟通的目的必须要构建出符合语法规则的句子。只有句子符合语法规则才可以被听者理解。词汇是句子含义的载体，语法是句子结构的基础，二者必须有机结合才能实现口语表达的实用性和高效性。

4. 会话技巧

口语教学的最终目的就是为了交际，学习并运用一些会话技巧可以使交际顺利进行。下面就来介绍几种常用的会话技巧。

（1）表达观点

例如：

It seems to me that…

I’d like to point out that…

To be quite frank/perfectly honest…

（2）获取信息

例如：

Could you tell me…?

I'd like to know…

Got any idea why…?

I wonder whether you could tell me…

（3）承接话题

例如：

To talk to…I think…

On the subject of/Talking of…

That reminds me of…

（4）转换话题

例如：

Could we move on to the next item?

I think we ought to move on to the problem of…

Just to change the subject for a moment, …

（5）征求意见

例如：

What is your opinion/view?

How do you see…?

Have you got any comments on…?

（6）拒绝答复

例如：

It is difficult to say.

It all depends.

I'd rather not say anything about that.

5.文化知识

在口语交际中，文化知识也十分重要。交际的得体性决定了学生必须掌握一定的文化知识，包括普通的文化规则和不同文化之间的交际规则。这就是说，学生除了要具有扎实的语言基础知识外，还要具备一定的文化知识。文化对语言的影响和制约主要表现在两个方面：影响词语的意义结构和影响话语的组织结构。

二、大学英语口语教学的新方法以及实践

（一）任务型教学法的应用

任务型教学法在大学英语口语教学中的操作可分为以下四个步骤：呈现任务、实施任务、汇报任务、评价任务。下面分别予以介绍。

1.呈现任务

本阶段的主要任务是帮助学生做语言和知识上的准备工作。呈现任务时，教师可结合学生的实际生活和学习经验，创设与学生学习或生活相关的情境，激发学生的学习兴趣。另外，教师还要为学生提供与话题有关的环境及思维的方向，以加强新旧知识之间的连接，使学生在巩固旧知识的同时，也掌握了新知识。需要注意的是，呈现任务时要遵循先输入、后输出的原则。

2.实施任务

实施任务在整个教学过程中是极为重要的一个阶段。学生在接到任务以后可以采取多种方式实施任务，如小组自由组合的方式、结对子的方式。小组自由组合或结对子的方式不仅可以为每个学生的口语表达提供练习机会，还有助于培养学生合作互助的意识，增进学习的效果。此外，实施任务时，也可以通过由教师设计多个小任务构成任务链的方式进行。本阶段中，教师的主要任务是监督和指导学生的活动，保证活动顺利有效地开展。

3.汇报任务

学生完成任务以后，教师可要求各小组派代表或者小组内部推选代表向全班汇报任务成果。当学生汇报任务时，教师应注意不要打断学生的表达，在学生需要帮助的时候适当给予指导，尽量使学生的汇报自然、流畅、准确。

4.评价任务

在任务汇报结束后，教师和同学们一起对任务进行评价，分别指出各个小组的优点和不足。评价时应注意对学生的活动情况尽量持肯定态度，以鼓励、表扬为主，增强学生的成就感，从而提高学生的自信心。当然，如果学生在表达中出现比较严重的、影响交际的错误时，教师也应及时指出和纠正，正确引导学生。①

总的来说，在大学英语口语教学中采用任务型教学法可以大大调动学生的积极性，增强学生的合作竞争意识，提高学生的口语水平，适应教学改革的要求。

下面是任务型教学法在大学英语口语教学中运用的一个实例，供参考。

教学任务：讨论话题“现在的生活是否比几十年前更好”。

教学目的：通过呈现任务、实施任务、汇报任务、评价任务四个教学环节将生活中的问题引入课堂，培养学生用英语分析问题、解决问题的能力，同时使学生学会运用形容词与副词的比较进行表达。

教学形式：6人小组

呈现任务环节主要包括以下几个步骤。

首先，教学正式开始之前，教师可要求学生展示预习过程中，通过向家长咨询的或是通过网络等资源查找到的有关过去生活状况的信息。例如：

They are poor.

They can’t go to school.

There isn’t enough food to eat so they are often hungry…

其次，教师可利用多媒体，向学生展示一组现代生活的图片，并要求学生用英语表达对现代生活的看法。在学生进行讨论、发表观点之前，教师可预先介绍将会用到的词汇与句子。例如，illness，prevent，medicine，suppose，live longer，walk less，much faster，know more about，

①王维雅．任务型教学法在大学英语口语教学中的应用研究[D]．重庆：四川外国语大学，2020.

take less exercise，be better at preventing illness，don't have to work as hard 等，为学生的课堂讨论做准备。

再次，教师介绍所谈话题背景，并引出要讨论的核心话题——现在的生活是否比几十年前更好。此话题的讨论内容应包含以下几个方面。

Work：We work harder than before.

transport：Faster but more dangerous.

medicine：We know more about medicine today.

Personal health：People are healthier today and live longer.

实施与汇报环节主要包括以下几项任务。

分组讨论：教师可将学生分成小组，每组由正反两方构成，双方分别举例说明不同的观点，最后总结陈词，在组内汇报讨论结果。

对话练习：根据前面的讨论，每组学生可组织编写出一个辩论式对话，尽可能多地使用教师之前给出的短语、句型以及比较级，并派两到三组同学进行对话表演，汇报成果。

学生完成任务后，教师应对任务的完成情况予以及时反馈。反馈的内容应包含以下几个方面。

对学生的观点进行总结、评价；对不同组的表现进行评价；指出各组的优点和不足；指出学生在完成任务中经常犯的错误，并予以纠正。引导学生珍惜现在的幸福生活，好好学习。教师可布置短文写作，写作主题应和本话题有关，并要求学生尽量使用比较级句型完成。

本次口语教学采用了任务型教学法，以学生为中心，以学生完成任务为目标，以小组合作学习为主要学习形式，有效激发了学生学习英语的积极性，通过呈现任务、实施与汇报任务、评价任务三个教学环节完成本次口语教学活动。以“现在的生活是否比几十年前更好”为话题，通过小组合作的形式组织口语练习活动，为学生留出了极大的语言使用空间和自由，在刺激学生表达欲望的同时，还通过互相帮助提高了学习的效率。学生在完成任务、展示讨论成果中获得了满足感和成就感。而话题中的对比主题也提升了学生分析、对比、辩论的能力，提高了学生用英语分析和解决问题的综合能力。

（二）情境教学法的应用

情境教学法是指在教学过程中，教师有目的地引入或创设具有一定情绪色彩的、以形象为主体的生动具体的场景，以引起学生一定的态度体验，从而帮助学生理解教材，并使学生的心理机能得到发展的教学方法。

情境教学法的形式有很多种，如配音、角色扮演、课内游戏、诗歌朗诵、音乐欣赏、旅游观光等。其中，最常用的是角色扮演和配音。下面就重点介绍这两种教学形式。

1.角色扮演

角色扮演是情境教学法最为主要的教学手段。与机械、单调重复的口语练习不同，角色扮演使学生接触到不同的社会交际场景，让他们以不同的社会身份来进行交际练习，这不仅激发了学生的学习兴趣，还为交流的有效进行打下了基础。具体而言。教师可以让学生自己进行角色分工，在排练过程中教师可以适时给予指导，当学生排练结束后，让学生进行表演。表演完毕后，教师可先引导学生就语言运用、表演技巧等方面发表自己的观点与看法，最后教师对学生的表演做出评价。例如，教师可创设以下情景：

Mary Brown left teaching fifteen years ago in order to devote her time to her family.Now her daughter is old enough to look after herself， and Mary seems to have much more time on her hands， so she is thinking of going back to teaching. She wants to discuss this with her family in order to find out their views and seek their advice.

角色：

Mary Brown：You are interested in your family’s attitudes towards your going back to teaching， and you do not want to do anything against their wishes. Decide what to do.

Michael Brown：You are Mary’s husband.You think it is a good idea for her to go back to teacher work.Try to convince her to go back and try not to let your father advise her not to.

Mr.Brown Senior：You are Mary’s father-in-law.You are not very well, and it is your daughter who has helped you along.You are seriously worried if she goes back to work.Try to find ways to persuade her not to go back to work, without sounding selfish.Try to remind her about the stress of teaching and the importance of her place in the home.

2.配音

这一教学形式操作比较容易，具体实施过程包括以下四个环节。

教师节选一部电影片段，先将原声对白播放一遍。

教师讲解其中的语言难点。

教师安排学生重新听两遍原声，同时要求学生尽可能会背诵。

教师将电影调至无声状态，并让学生模仿电影中的角色，为电影配音。

利用这种方式进行口语教学，不仅激发了学生的学习动机，缓解了学生说英语时的焦虑感，提高了学生的自信，而且能使学生学到地道的英语口语，并掌握针对不同情境变换语音语调的技巧。

总之，在大学英语口语课堂上，教师应尽可能为学生营造出各种真实的语言情境，使语言与情境紧密结合，从而使得抽象的语言教学形象化、具体化、情境化，这既能调动学生学习的积极性与主动性，又能促进学生掌握运用英语进行交际的能力。需要注意的是，教师在为学生创设情境时一方面要保证情境主题的真实性，另一方面还应确保所选择的情境与教学目标保持一致。

第五节　大学英语阅读教学

在英语听、说、读、写各项技能中，阅读是一项综合性、实用性都很强的技能。阅读不仅是学生用以巩固词汇、语法知识的一个重要手段，更是获取大量语言输入，刺激语言输出的一项重要途径。因此，英语阅读教学是英语教学中的一个重要部分。

一、大学英语阅读教学的目标以及内容

（一）英语阅读教学的目标

英语阅读教学提出了三个层次的要求：一般要求、较高要求和更高要求，具体内容如下。

1. 一般要求

能基本读懂一般性题材的英文文章，阅读速度达到每分钟70词。在快速阅读篇幅较长、难度略低的材料时，阅读速度达到每分钟100词。

能就阅读材料进行略读和寻读。

能借助词典阅读本专业的英语教材和题材熟悉的英文报刊文章，掌握中心大意，理解主要事实和有关细节。

能读懂工作、生活中常见的应用文体的材料。能在阅读中使用有效的阅读方法。

2. 较高要求

能基本读懂英语国家大众性报刊杂志上一般性题材的文章，阅读速度为每分钟70～90词。在快速阅读篇幅较长、难度适中的材料时，阅读速度达到每分钟120词。

能阅读所学专业的综述性文献，并能正确理解中心大意，抓住主要事实和有关细节。

3. 更高要求

能读懂有一定难度的文章，理解其主旨大意及细节。

能阅读国外英语报刊上的文章。

能比较顺利地阅读所学专业的英语文献和资料。

以上目标和要求为我国的英语阅读教学提供了权威指导，但教师不能死板地按照以上要求开展教学，而应根据实际情况把握教学内容和教学进度，突出重点，详略得当，当快则快，当慢则慢，使教学活动始终围绕着学生的实际状况开展起来，以保证最终的教学效果。

（二）英语阅读教学的内容

无论哪种教学，教学内容都必须以教学目的为出发点。英语阅读教学的目的在于培养学生的阅读能力，使学生能够通过阅读英语材料获取所需信息。基于这一目的，大学英语阅读教学应包括以下内容：辨识单词；猜测陌生词语的含义；理解句与句的关系；理解句子言语的交际意义；辨识衔接词，并能据此理解文章各部分之间的关系；辨认语篇指示词语；把握语篇的主要观点或主要信息；总结语篇的主要信息；从细节中理解主题；将信息图表化；培养学生基本的推理技巧；培养学生的跳读技巧。①

二、大学英语阅读教学策略的应用

（一）教授阅读策略的应用

掌握一定的阅读策略对学生的阅读大有帮助。因此，阅读教学中，教师应注意阅读策略的传授，不能一味沿用旧的教学方法，让学生按照自己的指挥来学习。概括来说，阅读中常用的策略主要有以下几种。

1.略读

略读是一种快速阅读文章以获取文章大意的阅读方式。这种阅读方式要求读者以意群为单位，双眼迅速扫读全文，同时注意选择一些重要的词语、句子来读，以获取主要信息，那些次要的信息和细节——不影响文章大意理解的词句、段落则可以直接略过。需要指出的是，略读过后，读者要能够确定文章结构和作者语气。

略读的作用主要在于快速抓住文章梗概、测试读者在只阅读部分句子的情况下对文章的掌握程度。根据略读的结果，读者可以进行针对性训练，从而提高阅读的效率。

2.跳读

如果在阅读中只需要查找我们所需要的信息，这时就没有必要逐字逐句、从头到尾通读下去，而是可以采用跳读的方式。跳读尤其适用于时间紧迫，不能进行通篇阅读，而对选择题中的几个选项又无法判定时，其目的是根据问题寻找答案，准确定位详细而又明确的信息。

①冯霞. 从意义到形式：大学英语阅读教学新策略[J]. 海外英语，2023(10)：130-133.

3.寻读

和略读、跳读一样，寻读也不需要对文章进行逐字逐句的阅读，而只需根据需要在文章中迅速搜寻所需内容，这种具有极强针对性的阅读技巧提高了阅读速度。在寻读过程中，学生可快速浏览全篇，忽略与题目要求不相关的信息，积极寻找和题目相关的内容。寻读技巧用于四六级考试颇有成效。

4.寻找主题句

文章是由段落组成的，因此对段落大意的理解是语篇理解的基础。理解段落大意的关键是寻找主题句。主题句是文章大意的概括，结构较为简单，一般位于段落的开头，有时也位于段落的结尾或中间，甚至隐含在段落里面，需要读者认真分析、理解。

5.推理判断

并不是所有的信息都能从文章字面意思上看出，有时就需要推理判断。推理判断对学生的要求较高，它要求学生要以理解全文为基础，从文章提供的各个信息出发，对文章逐层进行分析，最后准确推断出文章的中心思想。推理判断有直接推理判断和间接推理判断之分。直接推理判断是指在理解原文表层含义的基础之上，结合所提供的信息推断文章的结论。间接推理判断是指挖掘文章的深层含义去推测作者的态度和文章的主题等。

6.猜测词义

猜词策略要求读者根据上下文线索、逻辑推理、背景知识及语言结构等知识猜测某一生词、难词、关键词的词义。熟练掌握猜词策略对提高阅读速度与能力、增强英语阅读的兴趣和信心具有极大的促进作用。

具体来说，猜词策略主要有以下几种。

根据定义猜测词义。为了便于读者理解，很多作者都会对文章中论文的概念做进一步的解释和说明，而且常会使用一些标志性短语，例如，which means，in other words，namely，refer to等，据此就可以猜测词义。

利用同义词和反义词猜测词义。在介绍或说明某个概念时，文章作者常会采用与其相同或相反的词来重复说明，根据这些同义词和反义词就可以猜测词义。

根据上下文猜测词义。有时，生词所在的上下文会为其语义提供指引，学生可利用生词所处的语言环境来猜测词义。

利用构词法猜测词义。英语构词法知识，如词根、词缀、混成法、截短法等是词义猜测的一个重要而且科学的方法。

（二）合作阅读教学的应用

合作阅读教学法是通过小组合作的方式让学生互相帮助，在交流讨论中深化对文章的理解，并掌握一定的阅读策略。这种教学方法适用于大部分课堂，在学生阅读水平参差不齐的班级中效果尤其显著。通过合作阅读教学，学生的词汇量、阅读能力以及合作意识都会得到极大的提升。

具体来说，合作阅读法的操作步骤如下。

1.读前准备

合作阅读开始之前首先应做好读前准备，其目的在于激活学生头脑中的相关图式。读前准备主要包括以下几项内容：对文章主题进行预测；激活与文章相关的背景知识；短时间内了解与文章相关的信息。

做好读前准备对激发学生兴趣、促进阅读理解有很大的帮助。为实现这一点，教师要从以下两个方面着手：鼓励学生在脑海中搜寻尽可能多的背景知识，并让他们将之全部输出，汇总报告给全班同学；鼓励学生预测文章内容。

2.细节阅读

这一环节中，学生开始阅读文章，了解文章细节，并发现哪些内容能够理解，哪些不能理解，从而对自己的阅读进程、理解程度有一个清晰的认识和监控。当遇到难以理解的内容时，学生可以通过以下几种方式来解决。

利用构词法知识猜测词义。英语中很多词语遵循着英语构词方法，掌握这些方法对理解生词有很大帮助。利用上下文语境猜测词义。这是因为词汇只有在交际语境中才具有准确而具体的意义。利用关键词、连接词理解词义。

3. 大意理解

阅读结束后，学生首先应该对所读文章大意有一个整体的了解。具体来说，此时学生应该掌握以下两条要求：找出文章六要素，即时间、地点、人物、起因、经过、结果；能够用自己的语言重述材料内容，注意包括以上六要素。

在这一阶段，教师可先提出一些问题，让学生带着问题去阅读。阅读结束后可将学生分成人数相同的若干小组进行讨论，交流观点后归纳总结出答案。最后教师可抽查每个小组讨论的情况，请某个或者每个小组陈述观点，其他小组成员可发表评论意见，充分发挥交际之于语言学习的积极作用。

4. 巩固理解

巩固理解环节主要是加深学生对材料的理解，同时扩展学生的知识面。本环节中，教师可让学生根据阅读材料提出问题。由于学生长期以来都处于被问的位置，可能不擅长提问，所提的问题也有可能偏离重点。为避免这些情况的发生，促使学生提出实际有用的理解问题，教师可先提出几个问题为学生做示范，使学生明白各类问题的提问方法和问题与材料之间的关系，例如：

What do you think would happen if?

What might have prevented from happening?

What are the strengths of?

What are the weaknesses of?

How are and different?

What other solution can you think of for the problem of?

5. 合作学习

通过前面四个环节，学生应该已经十分了解阅读材料并足够熟练地掌握阅读的策略了，此时就可开展合作学习活动。教师可将学生分成六人小组，每个小组成员都要扮演一定的角色。角色分工如下。

组长。组长的责任是确定合作阅读每一阶段的任务，组织整个活动的开展，保证活动的顺利进行。

问题专员。问题专员的责任是在学生猜测词义时用问题卡片提示操作步骤。

激励员。激励员的责任是鼓励组员积极参与活动，评估每个组员的参与程度。为小组下一步活动提供建议。

监控员。监控员的责任是监控组员的参与情况，保证每次只有一个人说话，避免七嘴八舌的讨论。

发言人。发言人的责任是作为本组代表宣读讨论结果。

计时员。计时员的责任是掌控合作阅读各阶段的时间，提醒组员及时转入下一阶段的活动。

小组合作学习中，学生能够在轻松的心理状态下加强交流，进一步深化对文本的理解，锻炼学生听、说、读的综合语言技能，有助于辩证思维和创新意识的培养和发展。

通过上述环节，学生的阅读学习得以循序渐进地逐层开展，这不仅符合人类的认知规律，也符合言语活动发展的规律。

（三）语篇教学策略的应用

语篇教学策略是英语阅读教学中的一种重要教学策略。根据图式理论，当学生对某一体裁、题材的语篇材料有所了解，就会对其可能涉及的内容、遣词造句、框架结构有一个整体的认知，下次再遇到这类阅读材料时，就能将脑海中对应的图式调出来以辅助阅读理解。因此，大学英语阅读教学应该从整体入手，然后到局部，最后再回归到整体。下面就对语篇教学策略的具体实施情况进行具体的说明。

1.解析语篇体裁，掌握篇章结构

对特定的语篇体裁有所了解，有助于对文章内容进行合理、快速的预测。从某种意义上来看，篇章结构的语篇分析是语篇教学的重点，因为这样不仅可以培养学生的阅读理解能力，而且还可以提高学生的语言综合运用能力。

在英语阅读教学中，阅读材料的体裁是多种多样的，但归纳起来，英语阅读材料多以记叙文和说明文为主。记叙文主要包括故事、传奇、传记等，说明文主要涉及科学技术、自然灾害、环境保护、饮食文化等。

在进行记叙文阅读教学时，教师要引导学生了解记叙文的特点，并让学生据此进行阅读，同时要提醒学生注意事件发生的过程，引导他们抓住文章的主要内容，从而使他们准确理解文章内容。此外，教师也可以帮助学生记忆文章中的某些细节信息，以使学生根据这些信息来复述文章，减轻学生理解和复述课文的困难。

在进行说明文阅读教学时，教师首先要让学生对说明文有一个整体的了解，包括说明文的性质、说明文的描写重心等。教师还可以按照解释、对比、举例、数字、分类和因果等对说明做进一步的分类，以使学生深入地理解和把握说明文的特性以及写作展开的手法。

2. 激活背景知识，拓宽理解视野。

识对语篇的正确理解有着重大的意义，因为它是理解一定语篇必须具备的外部语境。背景知识的激活有助于学生对文章的深层理解，也有助于掌握文章的中心思想和把握作者的写作目的以及思想倾向。其中，激活背景知识的一种有效手段就是提问。

3. 词句融入语境，获得整体理解

词句知识是语篇学习的基础，更是培养语篇阅读理解能力的基础，所以语篇教学除了篇章结构、相关背景知识，还包括词句知识。同一个单词处于不同的句子中会有不同的含义，句子也是如此，同一个句子处于不同的语篇中也会表达不同的含义和交际功能。所以，句子也必须放到具体的语境中去考察，否则脱离了语境的句子就无法确定其交际功能，也不会起到应有的交际功能。所以，英语阅读教学不应仅局限于句子层面，而应突破句子的范围，着眼于句子在整个语篇当中的作用。

总体来讲，如果不影响阅读理解，在处理词、句子和语法时没有必要逐句释义，同时也要培养学生依据上下文揣测词义的能力，使学生能够在语篇的基础上把握词句含义，将词句回归到语篇语境当中。

4. 逐段消化吸收，把握段落结构

在这一环节中，教师要将课文中的语言点，如常见短语、句型以及固定搭配等指示出来，指导学生造句练习，以使学生能够熟练掌握和运用。

需要注意的一点是，这一环节的实施要遵循精讲多练的原则，并且教师还要有意识地向学生说明段落主题句经常出现的位置、段落的构成、每一段在语篇中的作用等，以使学生从整体上来理解和把握各个段落的意义及作用。

5. 围绕阅读教学，进行综合训练

将所学知识内化为语言技能、将语言技能转化为英语交际能力是语篇教学的主要目的。所以，当学生对语篇的内容、结构以及融合的知识有了一定的了解和掌握之后，教师就要有意识地引导学生进行整体吸收和运用，鼓励和指导学生根据篇章所提供的信息进行交际活动，如转述、缩写等，围绕作者观点进行讨论，围绕重点词汇和句型进行说写活动等，让学生处在交际的情景中，训练学生的语言表达能力，培养学生的实际交际能力。

从上述分析可知，在大学英语阅读教学中，语篇教学法有着明显的优势，具体体现为如下几点：语篇教学强调学生的主体地位和主体参与性；语篇教学体现了学习中学习方法与技巧的作用；语篇教学法明确了阅读教学的目的，注重学生能力的全面培养。

第六节　大学英语写作教学

英语写作是英语语言的重要技能之一，也是英语教学中非常重要的组成部分，它能够锻炼和反映学生对英语的综合运用能力。以下就在论述英语写作教学相关内容的基础上重点说明英语写作教学的策略。

一、大学英语写作教学的目标以及内容

（一）英语写作教学的目标

大学英语写作教学提出了不同层次的要求，具体如下。

1. 一般要求

学生能掌握基本的写作技能。

学生能写常见的应用文。

学生能描述个人经历、观感、情感和发生的事件等。

学生能在30分钟内完成不少于120词的一般性话题的短文，且中心明确，结构完整。

2. 较高要求

学生能描述各种图表。

学生能就一般性主题表达自己的观点。

学生能写所学专业的概要。

学生能写所学专业的英语小论文。

学生能在30分钟内完成不少于160词的短文，且内容充实，条理清晰，语句简洁流畅。

3. 更高要求

学生能以书面形式比较自如地表达个人的观点。

学生能用英语撰写所学专业的简短的报告和论文。

学生能在30分钟内完成不少于200词的各类作文，且逻辑性强，观点明确。

（二）英语写作教学包括的内容

大学英语写作教学的内容主要包括结构、选词、句式以及拼写与符号。

1. 结构

（1）谋篇布局

在写作之前首先要谋篇布局，谋篇布局作为写作的起点，对写作有着至关重要的作用。所谓谋篇布局，就是根据不同的题材、体裁来确定篇章以及段落的整体结构，并据此选择恰当的扩展模式，保证写作顺利开展。就篇章结构而言，大体结构是：引段—支撑段—结论段；就段落结构而言，大体结构是：主题句—扩展句—结论句。但是谋篇布局并不是固定不变的，当题材和体裁不同时，文章的谋篇布局也会随之变化。①

①刘倩. 元认知策略在大学英语写作教学中的应用研究[D]. 喀什：喀什大学，2021.

（2）完整统一

评价一篇文章优劣的重要标准之一就是看该文章是否完整统一。所谓完整统一，是指文章中所有的细节，如事实、原因、例子等都要围绕主题陈述和展开，所有的信息都要与主题相关，而所有脱离主题的信息都要删除，以保持文章段落的完整性。如果一篇文章逻辑混乱、层次不清，那么也就不能称得上是好的文章。

（3）和谐连贯

和谐连贯对于一篇文章来讲也是非常重要的，因为它是一篇优秀文章必须具备的因素。因此，在写作过程中，学生要注意文章的连贯性和逻辑性，保证句子与句子之间紧密相连，内容之间衔接流畅，段落与段落之间环环相扣，使整篇文章流畅自然、和谐统一。英语中保证文章连贯统一的重要方法就是使用恰当的连接词和过渡词语。下面就来了解一些常见的过渡词语。

表示比较的词语：similarly、equally、important、in the same way、etc.

表示并列的词语：and、also、or、likewise、etc.

表示相反的词语：on the contrary、conversely、etc.

表示让步的词语：although、in spite of、despite、etc.

表示转折的词语：but、however、nevertheless、while、yet、etc.

表示进一步关系的词语：furthermore、moreover、what is more、besides、in addition、etc.

表示举例或解释的词语：for example、for instance、such as、in other words、that is、in fact、etc.

表示时间或步骤的词语：after、often、next、afterwards；before、finally、first、last、now、second、third、firstly；secondly、thirdly、later、still、then、at that time、meanwhile、when、etc.

表示因果的词语：accordingly、as a result、consequently、as、since、so、thus、because、for、for this reason、etc.

表示结果或总结的词语：therefore、as a result、and so、finally、to sum up、in short、in conclusion、in a word、etc.

表示空间和方向的词语：here、there、next to、beside、near、nearby、along、as far as、to the left（right）、in front of、at the back、in the middle、under、above、etc.

2.选词

上文提到，词汇的含义有表层和深层之分，而且在不同的文化背景下，词汇有着不同的意义，对词汇了解不够深刻、不能选用恰当的词汇，将会严重影响写作的效果，所以选词也就成了英语写作教学的重要内容。选词通常与个人爱好有关，它是个人风格的体现，也是作者与读者之间交流的方式之一，因此词的选择要考虑语域的因素，如褒义词与贬义词的选择、具体词与概括词的选择、正式词与非正式词的选择等。

3.句式

语篇是由词和句子通过一定的组合而构成的，所以句式对于写作来讲非常关键。英语句式种类繁多，而且每一种句式又是形式多样的。掌握和运用不同的句式对于写好文章十分有利，所以句式就成了英语写作教学的重要内容。为了使学生掌握多种句式，写出更加精彩的文章，教师可采用句式练习的方式，具体来讲，教师可采取“示范”和“讨论”的方式让学生进行练习，促使学生掌握多而正确的表达方式。

4.拼写与符号

英语写作离不开拼写与符号，如果没有了拼写与符号，文章的逻辑结构就不能体现出来，文章就会一片混乱。因此，拼写与符号也是英语写作教学的重要内容，拼写和符号涉及的均是学生的基础知识，主要包括单词的拼写和标点符号的正确与否，这虽然属于细节问题，但对写作却有着重要的影响作用。

二、大学英语写作教学新方法的应用

（一）选题构思方法的应用

构思贯穿于文章写作的始末，是写作的基础。选题构思常用的手段有自由写作式、五官启发式和思绪成串式等，下面分别来进行介绍。

1. 自由写作式

自由写作式构思方式是指在拿到题目以后，在大脑中开始进行思考，任凭思绪扩展，然后将头脑中的各类观点记录下来。记录完毕之后，再返回阅读所记录的内容，从中挑选有用的信息，将无用的信息删除。通过这种方式，思路不会受到任何限制，最终也就完全打开了。

2. 五官启发式

五官启发式主要是从看到的、听到的、闻到的、尝到的、触摸到的几个方面去思考，搜索与题目相关的一些材料，当然不一定要面面俱到。这种构思方式常常用在描写文中。例如：

视觉：He has a round smiling face. He walks slowly for he enjoys talking while walking. He likes to swing his pen in his hand when he has nothing to do with his hands in class. He often makes faces when he' s happy. He does his homework quickly and often helps others and me with math problems. He likes to play ping pong with me.

听觉：He whistles a tune when he is alone. He can talk on and on about computer games. Whenever he understands something， he is always saying，" Oh，I know， I know."

嗅觉：I could smell his feet and sweat in summer.This shows he enjoys sports very much in a way.

触觉：When we play ping pong， I can feel his toughness and strength. And he is quite good at it.

3. 思绪成串式

思绪成串式是指将主题写在纸中间一个圆圈里，想到与主题相关的关键词就写下来，画个圈。这样，很多与主题相关的想法自然而然地就被引了出来，思路在此过程中也逐步打开了。这种方式是开阔思路的一种有效方法。

（二）文章开篇方法的应用

文章通常包括三个部分，即开头、中间和结尾。一篇文章的开头部分是最先被读者看到的，因此开头写的精彩，就会给人留下深刻的印象，在考试中就容易取得高分。文章开篇的方法有多种，下面我们就介绍几种常见的。

1.开门见山

开门见山指在文章的开始就提出看法，突出文章的主题。这种方法又称事实陈述法或现象陈述法，例如：

As food is to the body, so is learning to the mind. Our bodies grow and muscles develop with the intake of adequate. nutritious food. Likewise, we should keep learning day by day to maintain our keen mental power and expand our intellectual capacity.Constant learning supplies us with inexhaustible fuel for driving us to sharpen our power of reasoning, analysis, and judgment.Learning incessantly is the surest way to keep pace with the times in the information age, and reliable warrant of success in times of uncertainty,

本文以 As…is to…， so is…to…的经典句型直截了当地引出主题，行文流畅，首尾呼应。

2.下定义

下定义这种方法是为了帮助读者理解，给出必要的解释说明。在科普文章中，定义法是必不可少的一种写作手法。例如：

Automation refers to the introduction of electronic control and automation operation of productive machinery. It reduces the human factors, mental and physical, in production, and is designed to make possible the manufacture of more goods with fewer workers.The development of automation in American industry has been called the "Second Industrial Revolution"。

上面这段文字介绍了 automation 和 Second Industrial Revolution 两个概念，分别由 refers to 和 has been called 引出。

3.描写导入

描写导入就是通过描写背景，然后逐步导入正文。描写的内容主要有人物描写、物体描写、场景描写等。下面就是一篇以人物面部描写导入的例子。

My aunt has a face full of character.The hair on top of her head is silver gray and falls gently over her wrinkled forehead.Her eyebrows are also gray.Under these are her marvelous eyes.They are blue and shine as brightly as they did on the day she was born.Her cheeks are wrinkled， but they are also rosy.Her nose is a bit crooked.Under her nose is her mouth， which always seems to have sweet smile on it.Her chin is also wrinkled and has a prominent scar in the middle！ All in all，her face is one which has always brought me great comfort.

4.以故事引入

文章开头以故事引入，这种方法能有效地激发读者的阅读兴趣。例如：

Most of us may have such experiences：when you go to some place far away from the city where you live and think you know nobody there， you are surprised to find that you run into one of your old classmates on the street，perhaps both of you would cry out：“What a small world！”

5.提问式导入

这种开篇方式也是为了吸引读者的注意力，以提问的方式统领全篇。例如：

“Is money all powerful？” If someone asks me such a question.my answer is always the same：No，Money is by no means all powerful.

（三）段落展开方法的应用

1.按时间展开

这种方法就是按文章事件发生的顺序来写，常用于记叙一件事情。例如：

A friend in need is a friend indeed.

After lunch. while the other girls were sunbathing，Pat and I returned to the water.Soon cramps spread from my stomach to my legs.Immobilized by pain and fear，I yelled for help.My friend thought I was joking：so she ignored me. However，Sister Theresa came to my rescue when she noticed my plight.She pulled me out of the water and administered resuscitation When regaining consciousness, I realized how close I had come to death. My experience with near death reminds me every day how close we all are to death in our daily lives.

在上述文章中，作者用了 after lunch; while ; soon; when 等时间连接语记叙了一件午饭后的事情。

2. 按空间展开

这种段落展开方式常用于描述一个地方或景物，按照一定的空间方位顺序来描写。例如：

One of the most interesting places to visit in Singapore is the bird park. It's located in the industrial area of Singapore, called Jurong. The bird park is about twelve kilometers from the center of the city, and it's easy to get by bus or taxi.

It's one of the largest bird parks in the world. The birds are kept in large cages, and there are hundreds of beautiful birds from many different parts of the world, including penguins, parrots, eagles, and ostriches. There's a large lake in the park, with a restaurant beside it. There's also a very large cage. You can walk into it to get a closer look at the birds.

3. 按过程展开

按过程展开就是按照事情发展的经过、顺序进行逐项说明。一般是按照事物发生的先后顺序来进行的。例如：

To build a campfire, you should follow several steps. First collect a good supply of wood, both small branches, and larger logs, Second, twist newspaper into small knots, Third, make a pile on the ground of several paper knots, Fourth, cover this pile with a few small branches. Fifth, place larger logs over the branches from the different directions. Finally, strike a match and ignite the paper at the bottom of the campfire. Lighting it in several places. If you do so, you will be rewarded with a roaring blaze.

（四）文章衔接方法的应用

好文章不仅内容完整，结构也要连贯，因为结构的紧凑连贯是决定文章好坏的一个重要因素。结构上的紧凑连贯要求文章的各个部分应该围绕主题句有机地结合起来，段落结构应该条理清晰，层次分明，衔接自然。结构的连贯性有利于读者跟上文章的思路，了解文章的大意。

运用一些衔接手段，可以使文章更加连贯。这些衔接手段包括以下几种。

保持名词和代词中人称和数量的一致，动词时态的一致。

使用过渡词语能很好地承上启下，把句子有机地连接起来，使文章段落内部环环相扣，从而推动段落中心意思顺利地向前发展。

使用平行结构的句子可以使段落大意得到充分的发挥。

使用代词来代替，上文提到过的人或事，从而使句子互相照应，互相衔接。

重复关键词语可以使句子之间紧密衔接，从而使段落一浪高过一浪地向前发展。

（五）文章结尾方法的应用

1.总结式

总结式结尾就是在文章结尾处对全文进行总结，以揭示主题。例如：

A cartoon combines art and humor.When it is skillfully done，a simple line drawing and a few words can make people laugh.Their troubles seem less important，and they enjoy life more fully.

2.建议式

这种类型的结尾是针对文中讨论的现象或问题，提出解决问题的途径、方法或呼吁人们采取相应的行动。例如：

College athletics plays such a vital role that it deserves close attention and persistent effort.It is suggested that physical training should be regarded as a required course wedged into college curricula，however crowded it may be，and that a fair share of college budget should be，devoted to athletic programs.We sincerely hope that this suggestion will be a commitment that all colleges and universities will take up.

Stereotypes such as the helpless homemaker, harried executive and dotty grandparents are insulting enough to begin with.Placed in magazine ads or television commercials, they become even more insulting.Now these unfortunate characters are not just being laughed at; They are being turned into hucksters to sell products to an unsuspecting public. Consumers, should boycott companies whose advertisement continues to use such stereotypes.

3.重申主题式

这种结尾方式主要是强调文章的中心思想。例如:

Let' s say it again, it all begins with the instrument. your voice, If its sound and quality is flawed and needs improvement, that' s where you start. That' s what everyone hears whether in casual conversation or in making a major speech to a large audience. Pure vowel sounds, articulation, proper breathing, expressive speaking patterns, a pleasing vocal range, naturalness, all these will make you get twice the result with half the effort.

4.展望式

这种方法主要表达对将来的展望和期待，有助于增强文章的感染力。例如:

I am sure that Chinese will become one of the most important languages in the world in the next century.As China will open further to the outside world the language is sure to be spread world widely.

第五章 高校英语教学中的跨文化教学

文化多元化、经济全球化、科技一体化是信息时代的突出特征。跨文化交际是文化间的互动、交流、冲突和融合，成为地球村时代不可或缺的生活方式。语言是文化的载体和表征，文化是语言的内涵和本质，掌握语言技能和提高文化素质是英语教学的主题和根本目标。大学英语教学是拓展文化知识的平台，娴熟的语言技能、深厚的语言修养是洞悉文化差异、跨越文化沟壑的关键。跨文化知识能够为英语教学营造丰富多彩的学习场景，增强学生学习英语的动机和积极性，从而有助于充分发挥英语语言的内在潜力并获得理想的教学效果。

第一节 高校英语教学中的跨文化教学概述

培养学生对于英语民族文化的认知能力与接收能力，建构起其跨文化交际的能力，从而能够规避进入跨文化交际实践时发生文化冲突，已经成为当前我国大学英语教学的一个重要的培养、教学目标。在当前的外语教学界已经形成一种判断、一个人外语能力的高下就看其所具有的对于异域民族的文化认识能力与感受、接受能力以及其所具备的跨文化交际的能力。正是因为跨文化交际学在大学英语教学中的导入，使其进入一个新的时代，即跨文化交际的时代。如今，大学英语跨文化交际教学已经成为学界的一个全新的课题，同过去传统的大学英语教学相比，大学英语跨文化教学更加突出了英语学习的实用性。英语学界已经将大学英语跨文化教学作为当前大学英语教学同传统大学英语教学区别的重要标志之一。①

一、文化教学的概念

其实，从最早的外语教学开始，就伴随有文化因素，只不过是外语教学中的文化因子从未引起过大家的关注而已。外语教学过程中进行较为有意识的文化教学，其实已经有了较长的一段历史。只不过是因为外语教学根据国家教学环境的不同、教学制度的不同，而呈现出了不同的特点，导致外语教学中的文化教学的理念与模式也呈现出不同的民族性特征。但是，无论是哪一个国家地区、民族，在其外语教学的历程中，文化教学的发展轨迹大致是相同的。这一点在很大程度上反映出了在广泛的国际交流与合作的大背景下，教学所呈现出来的趋同性与影响作用。纵观整个外语教学一百多年的历程，文化教学都无一例外地经历了三个发展阶段。

在20世纪五六十年代，文化教学以文学作品阅读为主，目的语文化中的历史人物、重大事件等被称为大写文化（big culure）收入教材。学生通过解读和分析文学作品，了解一些目的语文化信息。20世纪60年代末开始，美国的听说教学法和欧洲的视听教学法开始盛行。其间，文化成为外语词汇学习的促进要素。

到了20世纪七八十年代，交际教学法将文化明确纳入教学内容，社会语言能力和文化能力发展是外语交际能力得以提高的重要保证的观点成为广大外语教师和学生的共识。这个时期的文化教学以小写文化（little culture），即日常生活所包含的文化含义为主要内容，教学尤其注重那些容易造成交际错误和失败的文化差异。显然，这个阶段的文化教学相对于第一阶段有颇为明显的发展，但文化教学仍然依附于语言教学，没有形成独立的体系。

①陶薪平．高校英语笔译教学中的跨文化教育策略研究[J]．科教导刊，2023(01)：70-72.

20世纪90年代以后，文化教学与语言教学获得了同等重要的地位。文化教学一方面为语言教学提供了真实的语境来促进语言能力和交际能力的提高，另一方面使学生在了解目的语文化的同时反省母语文化，提高跨文化意识。这个阶段的文化学习不再局限于文化知识的学习，还包括情感态度的调整和行为的变化。

我们可以看到，文化教学大致经历了从对阅读能力的关注与培养，发展到了对交际能力的关注与培养，最后直至当前我们所重视的跨文化交际能力的培养与关注这三个重要的阶段。在此发展过程中则形成了文化知识传授法与文化过程教学法两种教学方法，出现了外国文化模式、跨文化模式、多文化模式和超文化模式四种教学模式。

无论是欧美大陆，还是亚非发展中国家或地区，外语教学中的文化教学基本都曾经经历过上述的三个发展阶段。外语教学中的文化教学的这一个发展过程极为充分地说明了一个事实，那就是外语教学的历史其实就是一个不断改革自身来适应时代与社会发展需求的过程。而跨文化交际能力这一概念的提出则很好地将外语教学同跨文化交际结合起来，成为沟通这两者之间的桥梁与纽带，使这两个原本独立的学科有了较为紧密的联系与交叉。

追溯外语教学的初衷，最早其实是为了能够更好地满足一些社会精英对于异域文化的阅读与学习，通过外语学习来帮助这些有了解异域民族文化与文学作品的人进行阅读。因此，在很长的一段时间里，其实文学作品就成为最佳的外语学习教材。任何一个民族的文学作品都深深地蕴含着这一民族的社会文化因素，是反映一个民族社会文化的最佳载体。

由此可见，文化因素进入外语学习中来，最初就是通过文学作品作为媒介的。外语学生在对目的语言民族的文学作品进行阅读的过程中有意无意地必然要接受文学作品中描述到的一些目的语言民族的社会文化信息。此后，伴随着外语学习在更大范围内的普及与推广，以及听、说、读、写、译等各项技能在外语教学过程中的出现，人们学习外语才不再仅局限于对于目的语言民族的文学作品的阅读与译介。

但是，经历过对于目的语言民族文学作品阅读的发展历程之后，外语教学也逐渐认识到在学习语言的过程中，对于与目的语言相关的民族文化有所了解，能够促进语言的学习。因此，我国的大学英语教学也就有英美文学概况这一课程设置。正是这些在外语教学中独立设置出来的文化课程，成为外语教学过程中文化知识学习的主要来源与途径。特别是到了20世纪80年代之后，交际法在外语教学中的融入使外语文化教学的内容拓展到了对于目的语言民族日常文化生活、学习、工作等方面的习俗、规范、禁忌的学习。

但是，不管是以哪种形式出现在外语教学过程中，是文学作品的背景介绍，还是一些运用外语进行交际的实践联系活动，都一定要清楚，外语中的文化教学从始至终都处于从属地位。这样的外语文化教学，从大纲规定到教学计划设计以及课程安排、测试等，都没有什么较为明确的目标与体系，教师和相关的理论研究者都没有给予足够的重视。

但是伴随着全球一体化进程的不断推进，将世界各个领域不同民族与国家、不同地区的人联系在一起，说着不同语言、拥有不同文化背景的人有了一起交流沟通的机会。跨文化交流活动日益频繁。从20世纪90年代开始，我国的外语教学界开始对大学英语教学中的文化教学的重要位置有了一定的关注。尽管我国教育部对于大学英语教学中的跨文化交际能力培养以及学生的综合素质培养的教学目标作出了规定，但是在教学大纲作为主体部分的教学内容、教学要求课程设置、测试考评等方面却并没有作出明确具体的描述。这样一来，外语教学中的综合素质培养以及跨文化交际能力培养便缺乏可操作性。跨文化交际能力的培养与综合素质的训练需要各所高校对此作出明确的规定，并且制定出相应的教学大纲，在教师的严格执行与重视下，才能够实现。

各个国家、各个地区因社会环境和教学体制不同，所采取的语言教学模式差异很大，然而所开展的文化教学比较流行的教学方法是任务教学法。任务教学法，就是专门针对文化知识传授的教学方法。这种教学方法的运用主要是教师用来对某个国家、地区或者某一个语言群体的文化事实，如文学艺术、历史文化、价值观念、文化习俗等。一般来说，一方面，教师通过讲授一些学生可能感兴趣的文化背景知识来激发学生学习英语的兴趣；另一方面，通过举办一些专题性的文化讲座，使学生接触并且较为准确地掌握典型的文化知识。但是这种教学法也有一个较鲜明的弊端，那就是语言与文化被割裂开来分别进行，因此，在此过程中传授的文化内容就显得比较零散，没有一定的系统性。

二、大学英语教学中跨文化教学研究现状

由于我国大学英语教学对跨文化教学观念与教学理论的研究都起步比较晚，因此还没有能够很好地形成一套自己的理论体系。我国大学英语跨文化教学观念出现在20世纪70年代，到了80年代才有了较为初步的发展，形成了大学英语跨文化教学的雏形。一直到20世纪90年代，在我国的大学英语教学界对于跨文化教学这一理论的探讨与研究才有了较为明确的阐释，并且在联合国教科文组织的倡导与推广下才得以开展深入而广泛的研究。

进入21世纪之后，国内外的学者专家对于跨文化交际给予了极大的关注与重视。在大学里，教师与科研人员也对此进行了深入的探索与研究，在较为开阔的视域中给予跨文化交际教学比较的重视。在我国的大学英语教学界，现在已经取得的关于跨文化交际教学的相关的理论著作主要有以下一些：2002年，鲁子问在《教学理论与实践》杂志第四期上发表了题目为《试论跨文化教学的实践思路》的文章。在这篇文章中，鲁子问对于跨文化的概念进行了相关的界定。文中指出，我国的跨文化教学实践应该建立在国民素质建构的方向上，学校教学是我们进行跨文化交际的基础，社会教学则是学校教学的辅助方式，以此来实现跨文化教学的规范性与自觉性。

1987年，我国的文化学者贾玉新以文化与交际为理论出发点，对于拥有不同文化背景的人在进行交际时所表现出来的迥异的行为习惯进行了深入的研究与探讨，贾玉新的表述可谓是生动、细腻，深刻。胡文仲教授对于国外关于跨文化交际相关理论的导入有着极大的贡献。胡文仲

教授从20世纪80年代初就开始关注国外有关的跨文化交际的理论研究成果，并且不断地对其进行导入，在国内编辑成书，1989年以胡文仲教授为主编的《跨文化交际与英语学习》论文集，就是一本对于跨文化交际学术理论的最好收集整理。在这本论文集中，较为深入地探讨了有关中国学生在学习英语过程中容易犯的较为典型的文化性错误，并且对于中英文的谚语有着较为详尽的分析说明。20世纪90年代，由湖南教育出版社出版了胡文仲教授选编的英文版《跨文化交际学选读》一书。在这本书中，胡文仲教授选编了国外一些关于跨文化交际学的重要研究成果，胡文仲教授编辑这本集子的目的就是为了将国外的跨文化交际学的相关理论研究成果介绍到中国，使我国的学者对于跨文化交际的内容能够有一个较为完整的认识。

21世纪关于大学英语与跨文化教学联系起来进行的研究与实践也在逐渐增加。有关这方面的理论著作主要集中在我国的一些专业性期刊上。从研究成果的整体来看，主要集中在以下一些学术期刊与层面。

2003年12月，王开玉在专业性学术期刊《外语与外语教学》杂志上发表了题目为《走出语言系统：由外向内——以跨文化教学为主导的大学英语教学探讨》一文。在这篇文章中，作者尝试着通过一种从内向外的新型的教学方法来实现大学英语学习效果实践的提升，从而在此基础上期望开辟出一条我国当前大学英语进行英语跨文化教学的有效方法与途径。因此，在这篇文章中，王开玉对于在大学英语学习过程中融入跨文化教学的必要性以及有关跨文化教学的内涵进行了较为具体的阐述与界定，而且在这篇文章中，作者还对于跨文化教学中存在的文化差异性表现以及跨文化教学的主要原则可能出现的一些主要问题进行了深入的剖析与探索。

2004年6月，张倩、乌枫在学术专刊《金融教学与研究》上发表了题为《试论大学英语教学中的跨文化教学》一文。在这篇论文中，作者主要对在我国多年以来形成的传统大学英语教学基础上更好地结合跨文化教学进行了探讨，比如怎样在语法教学、口语教学、词汇教学中更好地融入有关跨文化教学的内容，从而实现大学英语的文化教学。董晓波在《黑龙江高教研究》杂志上发表了题为《以跨文化教学为主导的大学英语教学》一文。这篇文章以提升我国当前大学生的英语应用能力作为出发点，在此基础上对大学英语跨文化教学实行的必要性、原则性以及如何更好地在当前的大学英语教学过程中实施跨文化教学进行了较为深入的研究与探讨。

2006年12月，涂东琼、朱秀珍在专业性学术期刊《江西农业大学学报》上发表了两个人合著的题为《大学英语教师跨文化教学能力的现状及其对策》。这篇论文是在对江西南昌大学英语教师的教学现状进行抽样调查与问卷、访谈的基础上进行研究的，在较为翔实的调查研究的基础上，涂东琼、朱秀珍得出了结论：大学英语教师在进行跨文化教学过程中呈现出了自身跨文化能力不足。在大学英语跨文化教学过程中，有些过分地突出强调了对于英语民族文化的重要性，而忽略了对于学生的母语文化知识传统的传授与教学。因此，没有能够很好地在大学英语的跨文化教学过程中灵活、多样地运用一些行之有效的教学方法。

2007年8月，刘玉梅在专业性学术期刊《教学与管理》上发表了题为《外语教学中跨文化教学的缺失研究》一文。在这篇文章中，刘玉梅对于目前我国大学英语教学中关于跨文化教学缺失的原因进行了较为深入的分析和探讨，并在此基础上提出了具有一定教学实践性的跨文化教学的实施途径与策略。

通过上述我国学界关于大学英语跨文化教学研究的学术论文进行综述分析以后，我们很容易就可以发现，我国当前的大学英语跨文化教学研究的内容可以用“多”和“少”来概括：纯理论和抽象理论研究多，实证性研究少；英美文化研究多，中国文化研究少；跨文化能力构成要素研究多，实践途径研究少；介绍性多，创造性少；关于学生的研究多，关于教师的研究少。同时，我们也可以看到文化测试与评价的研究空缺，大学英语跨文化教材研究空缺，大学英语教师跨文化能力研究空缺。

我国的大学生经过了从小学开始的英语教学，基本上都掌握了一定的英语词汇与对话能力，具备相当的语法知识。在这一方面，学生甚至已经超过了教学大纲的规定。可是，就是如此丰富的词汇量与语法知识，为什么我们的学生在用英语进行写作与阅读时，依然不能够进行准确的表达与理解呢？探究其原因，与他们在接受教学过程中缺乏关于英语民族的文化知识有着很大的关系。

因此，当学生遇到同本民族文化观念相左的冲突时，就会产生无法掌控的运用与理解的错误性判断。因为“文化具有独特的民族特点，是不同民族在特殊历史地理环境里的独特创造”。这样，英语教师在教学过程中有责任同时也有义务进行有意识的跨文化内容的教学，培养学生的跨文化意识，引导他们尽可能多地了解一些异域民族文化，为消除因为不同民族之间的文化障碍做好准备，从而保证其在跨文化交际中能够顺畅流利地进行。

其实，所谓的跨文化教学，若是从学理的意义范畴进行界定的话，那就是对呈现出某一个文化特征的语言群体进行的有关其他语言群体的文化的教学活动，是为了更好地引导以获得更多的跨文化知识，树立自身平等、包容开放的跨文化交际心理空间以及其客观公正的跨文化交际观念与世界的意识。从而在此过程中形成自己有效地进行跨文化交际的理解、取舍、判断、合作和传播等方面的能力，以求通过在教学层面的努力更好地消除、解决跨文化交际实践中可能发生的文化冲突矛盾，构建起人类社会和谐的跨文化交际氛围，在共赢的基础上促进人类社会的和谐交流发展。

第二节 跨文化交际下的高校英语教学模式

文化教学与文化培训是培养学生跨文化交际能力的两种模式，它们既有共性又有差别。两者都是跨文化交际学形成的土壤和研究的主要内容。通过对跨文化交际学理论的学习和实践，我们充分感受到文化教学是一个伴随着语言教学漫长而又复杂的过程，它要求教师具有高度的文化意识与敏感性，能灵活并且创造性地将语言与文化的教学方法和教学内容结合起来。而文化培训则是一个短期的极具针对性的教学过程，其目标是培养出国人员或移民的跨文化交际能力，帮助他们在异国他乡与来自不同文化背景的人们友好相处。文化培训的一些方法和内容对于我们在海南师范大学实施跨文化大学英语教学也具有参考借鉴的价值。①

一、文化教学

文化教学可采取几种不同的形式：第一，在英语教学过程中开设文化课程；第二，将文化因素融入英语课程；第三，课外文化体验或实践活动。文化教学的对象主要是在校大学生，他们有机会参与各种形式的跨文化交流活动，如听外籍教师讲课，参加国际学术会议，短期或长期出国学习，参加国际夏令营，去跨国公司实习等。文化教学致力于提高语言学生的跨文化意识和培养其跨文化交际能力。在英语课堂教学过程中，教师可采用专题讲座的形式传授那些直接或间接参与交际的目标语言文化知识，也可把文化教学融于语言教学中，通过对两种文化的对比，使学生对文化差异有较高的敏感性，并能在两种文化间自如地进行角色转换，从而达到成功交际的目的。传统意义上的文化教学是指教师讲授目的语国家的历史、地理、政府机构、文学艺术等背景知识。这些文化背景知识有助于跨文化交际的成功，但由于不直接参与交际，具有一定的局限性。自20世纪中叶以来，由于受到人类学和社会学的影响，英语教学研究者开始认识到了解目的语言民族的风俗习惯、生活方式、思维方式，价值观念系统等文化因素对于学习该民族的语言十分重要。国内外学者纷纷著书立说，阐明文化与语言的关系，研究如何选择文化教学的内容，如何将文化教学与语言教学有机地结合起来。

在文化教学研究方面，国外学者各抒己见，提出了不少有价值的见解。诺斯特兰德（Nostrand）指出，文化教学的总目标是跨文化理解和跨文化交际，文化教学除了认知因素以外，还应包括社会和情感因素。西利（Selye）认为，文化教学应该从七个方面启发学生：第一，受文化制

①高越．跨文化教学目标的认识、实践与反思：一项基于浙江省某大学英语专业的实证研究[D]．昆明：云南师范大学，2016.

约的行为意识；第二，语言和社会变量的相互作用；第三，一般情况下的常规行为；第四，词和词组的文化内涵；第五，对目的语言文化通性的评估；第六，对目的语言文化的探究；第七，对其他社会群体的态度。

通过教学实践和社会检验，我国大学英语教师普遍认识到文化教学不仅仅是讲授英美国家的文化现象或介绍一些文化事实，而是要培养学生的文化意识，采用有效的教学模式，寓文化于英语教学之中，方可达到培养学生跨文化交际能力之目标。如果学生只是死记硬背一些文化事实，往往会造成在跨文化交际过程中因循守旧、不擅变通的后果，因为文化不是一成不变的。只有让学生真正地理解跨文化交际的原理，懂得跨文化交际的技巧，掌握英美文化和语言，才能达到得心应手地进行交际的境界，这才是文化教学的真正内涵。

鉴于文化概念的复杂性和文化内容的宽泛性，文化教学不可能涵盖所有的文化因素，因此国内外学者一般认为，语言教学中添加文化教学内容或者渗透文化知识应该遵循四项教学原则：①实用性原则；②阶段性原则；③适度性原则；④科学性原则。由于英语教学的最终目的是培养学生的跨文化交际能力，文化教学必须贯穿于语言教学的整个过程。文化因素的复杂程度与语言形式的难易程度并不一定成正比，即使是简单的语言形式也可能因为文化的问题而导致语用失误。例如，在打招呼、表示歉意、表示感谢等情境下使用的一些基本的日常用语，虽然在形式上非常简单，但在实际交际过程中学生对如何得体地运用这些简单语言却常常觉得没有把握。

所以在英语教学中教师要自始至终将语言与文化结合起来教学，即把语言形式置于社会语境中进行教学，让学生按照一定的语用原则操练或使用语言。这样的教学才能使语言知识富有生命力，使学生具备跨文化交际的能力。那么文化到底包括什么内容呢？从宏观上看，文化包括三个方面的内容：①观念文化——历史、哲学、文学、艺术、科学技术、价值观念等；②制度文化——社会制度、政治制度、法律制度、经济制度、风俗习惯、生活方式等；③物质文化——服装、饮食、建筑物、交通工具等。由于文化内容纷繁复杂，在实际的课堂教学过程中，教师有必要对文化内容进行适当的调整、归类并与语言教学科学地结合起来。具体到英语课堂教学实践，英美文化教学的内容可以概括为五个方面。

（一）英语词语的文化内涵

任何一个民族的语言，其词语承载着民族文化的大量信息，是外族人理解该民族文化的重要线索。英语词语的文化内涵包括指代范畴、感情色彩和联想意义，以及成语、典故、谚语、俗语的比喻义和引申义。由于词语在英汉两种语言之间的文化差异是英语学习的主要障碍之一，教师在进行词汇教学时要注意英语词语的文化意义在英语和汉语之间的对比。

（二）英美文化背景知识

背景知识是英语文化的重要组成部分。研究表明，在阅读过程中，理解文章的关键在于激活阅读者的“知识图式”（knowledge scheme），即让学生正确地使用已有背景知识去填补文中一些非连续实施空白，使文中其他信息连成统一体。英语语言国家的民族习俗、社会行为模式、历史、地理等方面的知识是学生产生合理的推测和联想的基础，有助于学生更好地理解文章的含义。

（三）英语句法、篇章结构特点和英美思维方式

英语句子较长，以动词为核心，其主干旁支结构分明，主从成分层次明晰，呈树形结构。英语句子语法结构严谨，逻辑关系明显，重分析轻意合。而汉语句子较短，无严格的语法约束，重意合。英语的动词曲折变化形式可表示时间概念，而汉语则要用时间状语表达时间概念。英语的篇章结构一般呈直线型，而汉语的篇章则呈螺旋型或曲线型。英语文章主题明确、脉络清晰、逻辑性强。而汉语文章的特点是含蓄委婉，谓之“曲径通幽”。教师通过对比分析，让学生掌握英语句法和篇章结构特点。

（四）英语交际风格和行为方式

英美人士和中国人在交际习惯和行为方式上存在着巨大的差异。

一般来说，美国人在交际时倾向于直截了当，开门见山，一步一步，直奔主题，美国人相信只有通过言语进行详尽严密的交谈，才能达到交流和解决问题的目的；美国人喜欢就事论事，不太注重社会因素和人际关系对交谈主题的影响。

美中两种文化的交际风格差异很大，双方只有事先对交际风格差异有所了解，并且在交际时有意识地调整自己，才能取得良好的交际效果。教师还应该引导学生了解英美人士在言语行为和非言语行为方面的表现。在言语行为方面的表现主要包括：称谓、打招呼、告别、问候、祝愿、致谢、表扬、禁忌、委婉语等。在非言语行为方面的表现主要包括：身体动作、面部表情、衣着、服饰、音调、音量、守时、体距等。

（五）英美价值观

与跨文化交际关系较为密切的价值观主要包括：人与自然的关系，是“天人相合”还是“天人相分”；人际关系，是群体取向还是个人主义取向；人对“变化”的态度，是求变还是求稳；动与静，是求动还是求静；做人与做事；时间取向。

陈申在《语言文化教学策略研究》一书中共总结了三种文化教学模式：①地域文化学习兼并模式；②模拟交际实践融合模式；③多元文化互动综合模式。里萨格尔（Risager）的四种文化教学模式是：①外国文化模式；②跨文化模式；③多文化模式；④超文化模式。这些模式为我们构建了跨文化交际大学英语教学模式，提供了有价值的参考，特别是里萨格尔的“跨文化模式”具有示范价值。

二、教学目的

应用视角下的英语教学目的以语言应用技能为目标，对学生进行听、说、读、写、译五个方面的技能训练，以提高学生的英语综合运用能力。跨文化交际视角下的英语教学则注重学生整体沟通能力的建构，语言技能作为沟通能力的一个方面，包含于宏观的能力和素质之中。根据我国最新的大学英语教学大纲，综合两种视角下的英语教学，海南师范大学制定的大学英语教学大纲中确定了总体教学目标：培养学生的跨文化交际能力。因此，在培训语言基本技能的英语教学过程中添加文化内容，增设文化知识的课程、跨文化交际课程、双语文化类课程等已成为必要之举。根据跨文化交际能力的构成内容、大学英语课程的教学目标，以及课程体系特点，跨文化交际大学英语的教学目的可细化为以下几个方面。

（一）培养学生的英语综合运用能力

就英语语言教学而言，从语言能力、语言技能和语言运用等方面对学生进行培养。根据新生入学时的英语水平、摸底测试结果和专业特点、就业需求、深造需求等，除了确定适合学生的英语培养目标外，还从相关规范中选定了适合具体情况的“较高要求”列入《海南师范大学大学英语教学大纲》。按照“较高要求”从听、说、读、写、译、词汇六个方面确定教学内容，决定教学策略和教学方法，开设相应的课程，以提高学生的英语综合运用能力。

大学英语教学的具体要求如下：

1.听力理解能力

能听懂英语谈话和讲座，能基本听懂题材熟悉、篇幅较长的英语广播和电视节目，语速为每分钟150～180词，能掌握其中心大意，抓住要点和相关细节。能基本听懂用英语讲授的专业课程。

2.口语表达能力

能用英语就一般性话题进行比较流利的会话，能基本表达个人意见、情感、观点等，能基本陈述事实、理由和描述事件，表达清楚，语音语调基本正确。

3.阅读理解能力

能基本读懂英语国家大众性报纸杂志上一般性题材的文章，阅读速度为每分钟70～90词。在快速阅读篇幅较长、难度适中的材料时，阅读速度达到每分钟120词。能阅读所学专业的综述性文献，并能正确理解中心大意，抓住主要事实和有关细节。

4. 书面表达能力

能基本上就一般性的主题表达个人观点，能写所学专业论文的英文摘要，能写所学专业的英语小论文，能描述各种图表，能在半小时内写出不少于160词的短文，内容完整，观点明确，条理清楚，语句通顺。

5. 翻译能力

能摘译所学专业的英语文献资料，能借助词典翻译英语国家大众性报刊上题材熟悉的文章，英汉译速度为每小时约350个英语单词，汉英译速度为每小时约300个汉字。译文通顺达意，理解和语言表达错误较少。能使用适当的翻译技巧。

6. 推荐词汇量

掌握的词汇量应达到约6395个单词和1200个词组（包括中学和一般要求应该掌握的词汇），其中约2200个单词（包括一般要求应该掌握的积极词汇）为积极词汇。

（二）培养学生的跨文化交际认知能力

英语综合运用能力是跨文化交际能力的一部分。大学英语教学的终极目标是培养学生的跨文化交际能力。跨文化交际能力是进行成功跨文化交际所需要的能力，即与不同文化背景的人进行有效的、适宜的交际能力。

跨文化交际能力一般包括三个基本因素：认知因素、情感因素、行为因素。这里的认知因素是指跨文化意识，即人们在对本国文化和外国文化理解的基础上形成的对周围世界认知上的变化和对自己行为模式的调整。情感因素是指跨文化交际过程中人们的情绪、态度和文化敏感度。行为因素指的是人们进行有效的、适宜的跨文化交际行为的各种能力和技能，比如获取语言信息和运用语言信息的能力，如何开始交谈、在交谈中进行话题转换以及如何结束交谈的技能和移情的能力，等等。跨文化交际过程中的认知是指人在特定交际环境中处理和加工语言和文化信息的过程。跨文化的认知能力是获得跨文化知识、跨文化交际规则以及提高跨文化交际意识的基础，包括文化认知能力和交际认知能力。

在跨文化交际大学英语教学中，我们应该优先培养学生的跨文化的认知能力。

1.文化认知能力

文化认知能力是指在了解母语和目的语言双方文化参照体系的前提下，所具备的跨文化思维能力和跨文化情节能力。跨文化交际要求交际者既了解自己所在文化体系的文化习俗、价值观念、思维模式和行为取向，又了解目的语文化的相关知识。只有了解双方文化的参照体系，交际者才可以在跨文化交际语境中调整自己的行为，模拟预测交际对象的行为取向，为有效交际做准备。

跨文化思维能力是指交际者在了解交际对象文化的思维习惯的基础上，能够进行跨文化的思维活动，是高层次的跨文化交际能力。交际过程中交际主体的认知对象主要是组成沟通环境的各种事物，即交际行为发生在一定的语境中。福格斯（Forgas）为情节下的定义是“某一特定文化环境中典型的交往序列定势”。跨文化情节能力是交际者在特定语境中按照交往序列定势交际的能力。

2.交际认知能力

跨文化交际能力既包括对目的语交际模式和交际习惯的了解，又包括对目的语言体系、交际规则和交际策略的掌握。大学英语教学的主要内容是语言，掌握语言知识和应用规则是重要的教学目标之一。由于各文化体系中人们的价值取向不同，交际规则差别很大。如果不了解对方文化的交际规则，即使正确使用目的语言，也不能保证有效的交际结果。因此，英语学生只有了解交际对象在文化方面的交际规则，学习其交际策略才能在行为层面上表现出跨文化交际能力。

（三）培养学生跨文化情感能力

《心理学大辞典》对“情感”的定义如下：“情感是指人对客观事物是否符合自己需要而产生的态度体验”。情感反映的是具有一定需要的主体与客观事物之间的关系，是对客观世界的一种特殊的反应形式，属于心理现象中的高级层面，能够影响到认知层面的心理过程。情感、态度和动机能够影响对事物的认识和解决问题的方式。交际过程中的文化情感能力主要指交际者的移情能力和自我心理调适能力。

1. 移情能力

培养学生的移情能力是指培养学生克服民族中心主义的能力、换位思考能力以及形成得体交际动机的能力。作为文化群体的一员，交际个体都有民族中心主义的倾向，以本民族文化为标准评价其他文化，对其他文化存在文化思维定式、偏见和反感情绪。培养跨文化交际能力的课程体系能够增加学生对其他文化的认识，提高跨文化交际意识和克服民族中心主义的负面影响。

2. 自我心理调适能力

在跨文化交际语境中，交际主体会因文化差异产生心理焦虑或感到心理压力。例如，文化休克。因此，培养学生的自我心理调节能力（包括困惑和挫折时，自我减轻心理压力的能力）、对目的语言文化中不确定因素的接受能力和保持自信与宽容的能力是重要的文化教学目标。

（四）培养学生的跨文化行为能力

跨文化行为能力是指人们进行有效的、适宜的跨文化交际行为的各种能力，比如正确用语言的能力，通过非言语手段交换信息的能力，灵活地运用交际策略的能力，与对方建立关系的能力，控制交谈内容、方式和过程的能力等。

跨文化交际的行为能力是跨文化交际能力的最终体现。跨文化行为能力的形成需要以认知能力和情感能力作为基础。在跨文化交际大学英语教学过程中，着重培养学生的三种跨文化行为能力：言语行为能力、非言语行为能力和跨文化关系能力。

1. 言语行为能力

言语行为能力的基础是语言能力和语言行为。语言能力包括词法、语音、语法、句法、语篇等语言知识，语言行为是正确使用语言的能力。因此，教师应该从跨文化交际角度培养学生言语行为能力，使学生了解目的语言词汇的文化隐含意义，句法构成习惯以及篇章结构布局等。

2.非言语行为能力

培养学生非言语交际能力，提高有效沟通能力。非语言交际行为包括肢体动作、身体姿态、面部表情、目光接触、交流体距、音调高低等。在交际中非语言交际行为所传递的信息量远远超过了言语行为所传递的信息量。

3.跨文化关系能力

培养学生的跨文化关系能力，保证跨文化交际的顺利进行。跨文化关系能力包括与目的语言文化交际对象建立并保持关系的策略能力，在不同的交际情境中的应变能力、语言综合应用能力、跨文化认知能力、情感能力和行为能力构成了跨文化交际能力的主体，是跨文化教学的重要目标。这些能力需要通过跨文化交际课程体系来实现。

三、教学的方法和教学策略

文化教学的方法：英语教育中的文化教学采用三种教学法，即显性文化教学法、隐性文化教学法和综合文化教学法。

（一）显性文化教学法

显性文化教学法是指相对独立于英语教学的、较为直接系统的、以知识为重心的文化教学法。显性文化教学法的省时、高效是显而易见的，而且这些相对独立于语言教学的自成体系的文化知识材料可以很方便地供学生随时自学，但是显性文化教学法有两个致命缺陷：①使学生对异文化形成简单的理解和定型观念，影响跨文化交际的有效进行；②让学生始终扮演着被动的、接受的角色，导致他们缺乏文化探究的能力和学习策略。

（二）隐性文化教学法

隐性文化教学法是指将英语教学与文化教学自然地融合在一起的教学方法。其优点在于课堂的各种交际活动给学生提供了一个认识和感知异文化的机会。其缺点是学生在语言学习的过程中自然习得的外国文化缺乏系统性。

（三）综合文化教学法

综合文化教学法是指将跨文化交际能力作为最终教学目标，综合了显性文化教学法和隐性文化教学法各自的优势，并且兼顾了文化知识的传授与跨文化意识和行为能力的培养的教学方法。

文化教学的策略：大学英语教学中有效地实施文化教学离不开系统的文化教学策略的支持。在涉猎了国内外语言文化教学研究和跨文化交际研究的书籍以后，引进了综合文化教学法，借鉴了胡文仲和高一虹、陈俊森、严明等学者的研究成果，整合了一套适合实际情况的基本文化教学策略，并设计了一系列的课堂活动。

采用的文化教学策略有：文化讲座、文化参观、文化讨论、文化欣赏、文化会话、文化合作、文化表演、文化交流、文化迷语、文化冲突、文化研究、文化渗透、文化体验、文化旁白、文化片段、文化包、文化丛、文化多棱镜、关键事件分析、角色扮演、案例分析法、文学作品分析等。

第三节 培养学生的跨文化交际能力

跨文化交际能力本身是一个十分复杂的问题，学界对于这个问题的讨论持续了半个多世纪。如何培养这种能力更是一个仁者见仁、智者见智的论题，但是在我们讨论如何在大学英语中培养学生跨文化交际能力之前，我们需要厘清一些基本的概念。例如，跨文化交际能力该如何定义，它包含了什么要素，在大学阶段应该解决什么跨文化交际能力问题等。

一、跨文化交际能力的定义

张红玲提出，“跨文化交际能力是一个复杂的概念，包含很多要素，涉及很多层面，因此要给出一个全面、科学、统一、实用的定义相当困难”。首先，跨文化交际能力（intercultural communication competence）与跨文化能力（intereultural competence）是否有区别？

国外的学者一般都将这两个概念互换使用，即一个概念两种说法。例如：范特尼（Fantini）对跨文化交际能力做了如下阐述："Because the notion of intercultural communicative competence（or intercultural competence or ICC，for short）is fairly new，a special focus issue of SIETAR' s International Journal of Intercultural Relations and a subsequent endeavor gathered studies on just this topic."

国内的学者对这两个概念使用情况各异。文秋芳认为，跨文化交际能力包含交际能力和跨文化能力，交际能力和跨文化能力共同组成跨文化交际能力。交际能力包括语言能力、语用能力和变通能力；跨文化能力包括对于文化差异的敏感、对于文化差异的容忍以及处理文化差异的灵活性。

同样的，韩晓蕙提出，跨文化交际能力涵盖语言能力、社会语言能力、语篇能力和跨文化能力，而跨文化能力包含"文化知识、解释和关联技能、探索和相互作用的因素"。

杨盈和庄恩平说明了他们对跨文化交际能力和跨文化能力这两个概念的立场，跨文化交际能力与跨文化能力是对等的概念。他们认为，将这两个概念对等有利于将我们的观念从语言交际的狭隘视野中解放出来，从而在跨文化交际能力培养过程中注重语言交际能力的同时，看到跨文化意识、思维能力、非语言交际及交际策略等方面的重要性。

胡文仲认为，这两种处理方法在理论上都是站得住的，但鉴于大部分相关学术文献对这两种能力都不予区分，他将跨文化交际能力和跨文化能力视为同一种能力。佩里（Perry）和索斯韦尔（Southwel）指出，许多学者都曾对跨文化交际能力这一术语下过定义，虽然没有一个定义被普遍接受，但是学者们所下的定义和所做的理论概括都承认"跨文化能力指与不同文化背景的人们有效、恰当地交往的能力"。将"有效"（effectiveness）和"恰当"（appropriateness）作为评判跨文化交际表现的两个主语标准，在跨文化交际学界已得到普遍的认可。"有效"指的是经过一定的努力，在一定的时间内，成功实现既定目标，得到应有回报。“恰当”则是指在交际过程中双方认为重要的准则和规范，以及对他们之间关系的期望没有受到严重侵犯。

二、跨文化交际能力的要素

同跨文化交际能力的定义一样，对于跨文化交际能力的要素的论述也是仁者见仁、智者见智，没有一个统一的标准。萨莫瓦尔（Samovar）和波特（Porter）提出了跨文化交际能力的三大要素是：动机（motivation）、知识（knowledge）、技能（skill）。这种模式较为广泛地被国内外学者采纳和引用。卢斯丁（lusting）和科斯特（Koester）也认为，“跨文化能力需要足够的知识、合适的动机以及训练有素的行动。单凭这些要素中的任何一个都不足以获得跨文化能力”。

国内学者贾玉新认为，“有效的跨文化交际能力至少由基本交际能力系统情感和关系能力系统、情节能力系统、文化调适系统、知识能力系统和交际实践系统共同组成”。杨盈和庄恩平把跨文化交际能力的要素概括为“全球意识、文化调适、知识、交际实践四种能力，这四者相互交织、缺一不可。其中任何一种能力的不足都会影响跨文化交际能力的实现”。尽管不同学者对于跨文化交际能力包含的要素持不同的观点，但是从他们所列的要素中可以归纳出共同的部分：认知、情感和行为这三个层面的能力。在认知层面，交际者要进行成功的跨文化交际不仅需要一般文化的知识，还需要具备特定文化的知识以及关于本国和其他国家或地区的政治、经济、地理、历史、人文、习俗等各方面的知识、情感层面包括交际者对文化差异的敏感、对不同文化的包容、对自己文化的深刻理解以及对其他文化的尊重等。行为层面主要是指交际者的各种能力、心理调适能力、适应环境的能力以及在异文化环境中做事的能力。

三、跨文化交际能力的培养

其实，对于英语学习来说，我们倡导进行文化教学，最主要的目的是为了能够在跨文化交际过程中进行文化调适。也就是在很好地保证自己母语文化身份的同时，能够在对目的语言的民族文化有所理解认识的基础上，更好地同目的语言群体进行恰当得体的沟通交流。但是，这也并不是英语教学中融入文化教学的最终的教学目的。在英语教学中融入文化教学的终极目的是使语言学生能够通过英语文化教学，掌握更多民族的文化，在这些不同的民族文化的认识理解中找出语言与跨文化交际的一些共同性的规律，在增强语言学生跨文化意识的同时能够更好地促进学生的跨文化交际能力提升，为培养具有跨文化交际能力的人才打下基础。

这才是我们倡导在大学英语教学过程中有效融入文化教学的最终目的。跨文化交际能力，是一个极为复杂的概念，其中涉及很多的因素、很多的层面。范特尼对于跨文化交际有着较为深入的研究与分析，并且做了较为全面的阐释。根据范特尼的观点，跨文化交际能力共包括超越民族中心主义思想的能力、善于欣赏其他文化的能力以及能够在一个或者是多个文化环境中恰当表现的能力。我国的学者张红玲则在范特尼的跨文化交际能力理论研究的基础上提出了跨文化交际能力的理论架构。①

在跨文化交际能力的培养中，要有意识地培养语言学生的自我意识，承认跨文化交际过程中存在着民族中心主义以及文化偏见，我们要有意识地去努力消除存在的文化偏见。

努力培养语言学生对于异域民族文化的浓厚兴趣、爱好，面对着异域民族文化形成开放、包容的移情态度。

跨文化交际能力还要注意培养语言学生的文化相对论思想与所应具备的跨文化意识的养成。

语言学生能够在跨文化交际能力的培养过程中不断地学习本民族母语文化与目的语言民族文化知识，并对不同民族的文化能够作出比较、分析，掌握彼此之间的异同。

①张秀珊．基于高校英语教学的学生跨文化意识培养路径研究[J]．湖北开放职业学院学报，2022，35(21)：175-177．

对于目的语言民族的非语言行为进行认真的学习和掌握，更好地认识其非语言行为的意义表达系统，理解不同文化之间存在的差异性。

对于文化学、心理学、社会学等一些相关的知识有所涉猎，对文化以及文化学的本质能够认识、理解、掌握，从而更好地抓住跨文化交际过程中存在的普遍性的规律。

对于跨文化交际过程中可能遇到的不熟悉的、模糊的环境，能够及时调整自我心理，面对着可能发生的文化冲突，灵活应对。

培养自己应对跨文化交际问题的灵活性与适应性，在跨文化交际过程中能够根据交际对象的风格以及语言群体的不同而灵活调整自己的语言行为。

能够对自己母语民族的文化经常性地做一些反思，对于自己在跨文化交际过程中的行为、语言也时常进行反省。

跨文化交际能力对于学生来说，其最终的目的与要求是学生能够超越本民族语言文化以及目的语言民族文化之间的界限与鸿沟，冲破具体文化制约的种种束缚，对于不同的语言民族文化的思维方式、生活方式、价值观念等都有着很好的理解与认识，有效地开阔学生的文化、思维视野，从而帮助学生构建起面对多种文化环境时灵活自如的跨文化交际能力。

第四节 构建跨文化交际能力培养体系

大学英语开设这么多年以来，大学英语的跨文化教学始终都是一个边缘化的存在，在整个大学英语教学过程中扮演着居于附属地位的角色。大学英语跨文化教学的这种境况是根本无法满足当前我国飞速发展的社会现状以及对跨文化交际人才的需求的。但是无数的事实也在表明一个问题，那就是跨文化人才的培养不是一朝一夕的事情，这是一项长期而又艰巨的教学任务，具有很高的实践性要求。

跨文化交际需要提升的是学生“跨越”层面的交际水平，而从“跨越”到“超越”，则又是一个质的飞跃。若是想要更好地实现这个质的飞跃，就需要我们的理论建构起一个深层次的跨文化交际教学架构，并且在此基础上寻找探索一套行之有效的教学方法。一种成功的跨文化教学模式，必然是文化教学与语言教学相得益彰、融为一体的教学模式。在这一教学模式的作用下，教师自身的文化素养必然会得到有效的提升，对于目的语言的文化理解能力也有着显著的提高，从而能够更好地推动跨文化教学目标、教学内容、教学活动的各个环节获得全面的改革，以最终实现培养具有跨文化意识与跨文化能力的交际人才。因此，教师必须采取一些方法策略，从而使大学英语跨文化教学体系实现系统化教学。

一、跨文化交际能力培养的认知体系

大学英语跨文化教学中的认知体系，包括对于目的语言民族也就是英语民族的文化知识、自身价值观念等方面的意识。在大多数学者专家的观点中，跨文化交际能力就是指语言使用者能够在目的语言的文化情境中得体恰当地使用目的语言进行交流沟通，并且能够用目的语言的思维习惯、情感感知方式去理解、表达自己看待事物与世界的观点与看法，从而在此形成新的对于世界的体验的能力。具体就大学英语的跨文化教学来说，认知也就意味着对于教学理念、教学目标以及教学过程中的一切看似矛盾但又各自密切相连的关系的处理以及教学原则的确立。①

（一）树立正确的教学理念

教学观念的更新、教学认识的提升，对于当前的大学英语跨文化教学及其所面临的改革来说，具有十分重要的意义和作用。从我国整个大学英语跨文化教学的现状来看，我们所提出的跨文化教学仍然属于一种较为先锋的教学观点。而我国大学教育行政管理部门，其思想意识将直

①尹小菲．新时代下跨文化交际在高校英语教学中的有效融合[J]．英语广场，2021(15):62-64.

接影响作用于我们的大学英语跨文化教学的改革与发展。

因此，基于此现状，当前我国的大学教育行政管理部门应该有着战略性的眼光与视野，充分借鉴学习西方欧美一些国家比较先进的跨文化经验，从更高的战略性目光来看待我国需要进行的跨文化教学所具有的时代意义，明确大学英语跨文化教学的内涵与目标，以便更好地制定出同我国当前的国情和教学实况相符合的大学英语跨文化教学的目标、原则和方法，为我们当前的英语教学提供更为明确的目标与方向。

在大学英语跨文化教学过程中，最为首要的是教师必须明确自身教学理念更新的重要性。在进行大学英语的跨文化教学过程中，能够做到始终坚持“语言教学与文化教学相结合”的教学方式，分别从语言意识，语言学习、文化意识以及文化经历四个相互紧密相连的层面分别着手，将母语文化在大学英语学习过程中的正迁移作用充分发挥出来。其次，教师对于自身素质的要求不能够仅仅将自己定位于一个传授知识的教书匠，而应该注重对自身各方面能力的培养，努力使自己成为一名学贯中西的学者型教师。例如，我国的大学者钱钟书等，他们无不是学贯中西、精通文史哲的学者型人才，他们不仅仅拥有着超于一般人的英语交际能力，同时由于他们对中西方文化的贯通，才奠定了今天他们在中国文学史上的地位。

此外，在大学英语跨文化教学过程中，除了教师教学理念的更新与教师自身文化素养的培养与提升之外，对于大学英语跨文化教学中的文化理论框架的建构，也是一个必须明确并且需要进一步深入分析探讨研究的重要课题。

（二）明确合理的教学目标

我们现在的大学英语教学中，极为明确地规定了大学英语教学的目标，那就是培养学生的综合素质与应用能力。这一目标同此前的目标有所不同的是，改变了过去那种重知识传授轻知识运用、重知识点记忆轻能力培养的目标，新的教学要求意味着我国的大学英语教学提升到了一个新的境界。在这一新的目标的规定下，交际意识和文化能力都得到了一定的强调与重视。

大学英语跨文化教学的目的其实就是培养英语学生在进行跨文化交际时能够用得体合适的英语民族的语言与文化进行交流的能力。因此，这就需要学生必须对目的语言的词汇极为丰富的文化内涵有所了解与认识，这样才能够更好地掌握目的语言的使用规则。

经验表明，相较于结构规则而言，语言的使用规则要显得更为重要。在跨文化交际中，若仅依靠语音、语法、语调的正确流畅运用，这是不够的，这根本就无法保证我们的跨文化交际的顺利进行与完成。大学英语的跨文化教学不仅仅只是帮助学生认识了解到英语民族的人们观察世界的方式和思考问题的方式，更为重要的是还能够协助学生运用英语民族的视觉与思维方式来表达其所看到的事物、行为习惯等，以便真正学会用得体的语言与方式同英语民族的人们顺利地进行跨文化交际。

此外，除了一定的应用能力的培养之外，对于异域文化的敏感度以及容忍度在很大的程度上也决定着跨文化交际的成败。学生不仅仅要对异域民族的生活习惯、思维方式、认识模式以及合作态度等有所认识与了解，更需要对自己的交际对象所拥有的文化背景与风俗习惯等有着一定的敏感度与包容性。在跨文化交际过程中，其实交际者最容易犯的一个错误便是以自己母语文化的视觉去审视目的语言的民族文化与思维习惯，而不去深入探究隐藏在文化表象背后的深层内容。

因此，这就需要教师尽可能多地为学生创造一些真实的文化体验情境，通过直接的经验感受，引导学生对隐藏在文化背后的深层含义有着更为深切的解读与理解。同时，教师还可以通过参加培训班等多种方式来拓宽体验渠道，引领学生能够用目的语言的文化思维去进行思考判断，以更好地提升大家的文化敏感性、包容性以及面对不同民族之间存在的文化差异处理的灵活性，从而确保跨文化交际的顺利成功进行。与此同时，对于学生来说，在提升他们对外来异域文化进行吸收学习借鉴的同时，也能够将自己本民族的优秀文化传统传播出去，从而使大家成为融会贯通中西方文化的学者型人才，这既是当前英语教学面临的大势所趋，同时也是大学英语进行跨文化教学的最终目的所在。

二、跨文化交际能力培养的情感体系

（一）英汉文化并重

在全球化发展的背景中，中国的发展需要引起世界关注的目光，同时世界的发展也离不开中国这一重要角色给予的关注。也就是说，在全球化的发展过程中，我们不仅仅只是单向地把世界的先进技术与文化引入中国人的视野中并为我所用。同时，还要将中国的先进文化、科学传播到世界各国人民的视野之中。

（二）消除母语的负迁移，发挥正迁移作用

其实，从本质上来说，学习一个民族的语言就是对这一民族的文化的学习。大学英语的学习就是在对中西方文化的学习与交融过程中，以中国学生早已有的母语文化知识为基础，导入英语民族的文化知识内容，从而使其具有双语表达的能力，并且在此过程中对于两个民族的思维方式等方面的差异性都存在着较为深刻的认识与理解。学生的本民族语言文化是早已深入学生的头脑之中的，在此基础上文化的迁移作用必然会发生在英语的学习过程中。那么，在大学英语的跨文化教学中营造一种合适的语言文化氛围，在突出语言知识技能的同时，也能够更好地强调其客观的文化背景、交际环境以及思维方式等方面的差异性学习，从而使他们真正进入跨文化交际中时能够得体地使用英语进行交际，避免文化冲突矛盾与交际的尴尬，这是当前大学英语教学中面临的一个亟待解决的问题。

所谓迁移作用，就是在学习的过程中，学生本身已经拥有的知识必然会对其学习新的知识内容产生一定的影响，这就是所谓的知识的迁移作用。那些能够促进新知识内容学习的迁移，被称为正迁移；那些对于新知识的学习产生阻碍的迁移，被称为负迁移。根据行为主义者的观点，语言学生在学习过程中产生的母语负迁移就是英语学习中犯错误或者是产生障碍的原因。文化迁移的主要表现就是在跨文化交际过程中语言使用得不得体性。这种不得体性就是跨文化交际不能顺利进行、发生矛盾冲突的原因所在。对于母语的迁移作用应给予足够的重视。因此，在大学英语教学的过程中，教师有意识地提升英语学生的文化素养，对

于英语民族的文化知识内容进行认真的学习与理解，从而提升语言学生的语言敏感性，以消除母语文化的负迁移作用，对于跨文化教学具有重要的意义。

（三）树立语言、文化平等观，加强学生文化移情能力的培养

任何一个民族的语言与文化都有其产生的渊源与理由，它们之间是平等的，没有高低贵贱之分，都是世界文化的重要组成部分。因此，大学英语跨文化教学过程中，教师一定要注重培养学生树立起语言、文化平等的观念，引导学生对于世界各民族的文化特性给予重视，从而提升大学的多元文化的意识，强化学生文化移情能力，引导学生能够用一种平等的观念与视觉来看待本土的母语文化与异族文化，用科学的态度对待母语文化与异族文化之间的差异性与平等性，消除观念中的大文化观，使学生明白对于本民族的母语文化过分的自信或者是过分的妄自菲薄都不是正确的态度。

（四）建立跨文化交际意识，提高文化认同度

通过大学英语阶段的学习，相信大多数学生都能够组织英文句子进行交流沟通，但是若想做到用地道的英文来进行表达，那就有些困难了。究其原因，就是因为忽略了语句中文化因素的存在。有时导致的文化交流的失败，就是因为没有能够使交际双方在交际过程中得到文化的认同。所谓文化认同，其实是一种归属感，是个体对于自己所处的社会群落的文化产生的一种依附性与归属感，个体在此基础上获取属于个体的文化，并且对其加以保留与丰富的一种社会文化心理过程。

文化认同涵盖的面极为广泛，包括社会价值规范、文化观念、思维方式、风俗习惯、语言、艺术等。伴随着世界各国间交流与合作的日益频繁，各民族在发展壮大创新自己文化的同时，对于其他民族的文化也在潜移默化地接受并且受到一定的影响。各个民族在同其他民族的交流过程中，必然对自己民族的文化同异族文化之间的异同进行不同程度的比较与认识。在此过程中，为了更好地寻找彼此对话交流的平台，必然意味着要放弃一些民族文化中原有的规则与习惯，以达到求同存异的目的。与此同时，要不忘坚持自我民族文化的认同感，以求在跨文化交际过程中保持本民族的文化意识，为母语文化的生存发展求得相应的权利与位置。

文化认同是人类在对大自然认识的基础上的一种升华性的认知，对人类的价值取向、认知过程产生较大的影响作用，是以人类对于文化内涵产生的共识与认可为基础的。因此，文化认同经常作为跨文化交际过程中的语用原则来对具体的交际活动进行有效的指导。

三、跨文化交际能力培养的行为体系

从跨文化交际能力的行为层面来看，可以分为解决问题的能力、建立关系的能力以及在跨文化交际中完成行为的能力。交际者所具备的良好的个人文化适应能力与互动能力是跨文化情境中顺利完成跨文化交际任务的良好保证。而在大学英语跨文化教学过程中，教材的选用以及教学策略的运用，对于培养学生跨文化交际行为能力具有较为直接的影响作用，甚至是完成跨文化交际任务的关键因素所在。

大学英语跨文化教学所用的教材是教学的主要内容承载者，对于师生的教学来说，是主要的依据与导向。大学英语跨文化教学任务的完成，大学英语教材起着关键性的作用。就目前我国的大学英语学生的状况来说，可能他们对于英语民族的文化传统、风俗习惯、价值观念、思维方式等方面的了解与认识是非常不充分的。其实，这同我们目前大学英语教学中教材的编写与选择有着极为直接的关系。这样，大学英语跨文化教学在选取教材时就需要既考虑提升学生跨文化交际能力可能涉及的各个方面，又要能够通过设计多种形式的练习题将复杂的跨文化交际中所需要的各种技能与知识融入其中进行锻炼。比如，从跨文化知识的导入开始来解释语言表达中所深蕴的文化内涵，从而拓展和文化有关的知识内容。通过对具体案例的分析与点评来培养学生的全球文化意识与跨文化的敏感度。通过真实的情境扮演与角色分析来引导学生体验跨文化交际中可能出现的文化冲突与矛盾，从而增强学生的文化分析能力与判断能力。通过真实的新闻媒体的报道等方式来锻炼如何处理学生对于

跨文化交际中的生活场景或者是工作场景中可能出现的跨文化问题，提升学生解决跨文化冲突的能力。

如果在当前的大学英语跨文化教学过程中忽略了实践的教学环节，那么或许可以培养学生的跨文化交际意识和文化敏感性，但是却并不能够提升他们的跨文化交际能力。只有带领学生进入真实的跨文化情境中，引导学生进行真实的跨文化体验实践，才能够真正使大家培养跨文化交际意识，并且将这种跨文化意识和敏感性切实转换为跨文化交际能力。

第六章 大学英语课堂教学评价

第一节 英语教学评价的意义、分类

一、英语教学评价的意义

（一）对教师的意义

1.及时获取反馈信息，适时调整教学计划

在教学过程中，及时获取必要的反馈信息对于教师而言十分重要。例如，在教师讲解完生词以及生词的语法点之后，学生的表情和眼神就是对教师内容讲解的信息反馈。如果大部分学生表情镇定，眼神露出自信，就说明他们已经基本了解和掌握所讲内容；如果大部分学生表情凝重、眼神躲闪，则说明他们并没有理解所讲内容，教师就需要重新讲解。再如，学生练习的对错程度也可以为教师提供反馈信息，如果大部分学生的正确率都很高，就说明学生基本掌握了课堂上教师所讲解的内容，教师也就可以进行下一个内容的讲解了；如果大部分学生都没有做对，则说明学生并没有很好地掌握课堂上教师所讲解的内容，教师就有必要重新讲解。

可以看出，及时、全面的信息反馈对于教师的教学活动至关重要。根据反馈信息，教师可以适时地调整教学计划，有针对性地合理安排教学活动，进而最大限度地提高教学的有效性。①

2.充实教学经验，增强教学技艺

教师的教学意识及教学行为直接影响着教学的效果和质量。有效的教学行为越多，教学的效果就会越好。要想增加有效的教学行为，就需要教师有丰富的教学经验和较高的教学技艺，而教学评价正是帮助教师丰富教学经验、提高教学技能的有效途径之一。例如，通过学生评价和自评，教师可以发现自己的优点和不足，明确教学中应该努力的方向，从各方面吸取教学经验，提高教学技艺和教学效果。

3.拉近师生距离，优化教学环境

教学评价还能消除师生隔阂，拉近教师与学生之间的距离，优化课堂教学环境。因为在自主的教学评价中，教师会给学生发表教学意见和建议的机会，这样学生和教师就能充分地交流，更深地了解彼此，进而就能改善师生关系，增进师生感情。而师生关系的亲密化能进一步促使师生之间相互鼓励、相互支持，进而一起营造一个宽松、和谐、民主、充满活力的教学环境，而这样的教学环境自然能消除学生学习的紧张情绪，使学生充分发挥自己的学习主动性和积极性。

4.为教师教学研究提供材料

教师的主要工作不仅仅是认真教学，还要踏实地做研究。如果教师只教学而不研究，那么教学就会缺乏推进力，教学水平也就难以提高。而教学评价就是研究教学的突破口，通过连续不断的教学评价，教师可以清晰地了解自己的教学情况，并准确把握学生的学习情况，还能积累大量与教学有关的经验，这些经验对教学研究具有重要的意义，能为教学研究提供丰富的实践依据，并能指明教学研究的方向。

（二）对学生的意义

1.发现自己的不足，及时进行改进

在教学评价中，学生可以及时发现自己学习中的不足，进而对其进

①吴红敏，刘欢欢.《大学英语教学指南》视角下大学英语教学评价的思考[J].海外英语，2021(13):133-134.

行分析，调整学习计划，改变学习方法，提高学习效率，使自己成为真正的学生。

2. 了解学习过程，积极主动学习

在学习过程中，很多学生都将注意力放在学习结果上，而忽视了学习过程。实际上，过程要远比结果重要得多，无论做任何事，如果没有过程也就不可能有结果，过程对结果有决定性作用。英语学习也是如此，学习成果的取得要靠学习过程的积累。而有效的教学评价可以将学生的注意力转移到学习过程中来，能够引导学生了解自己的学习过程。一旦学生对自己的学习过程有所了解，就会积极主动地学习，并能自觉监控自己的学习行为。

3. 了解自己的进步，获得成就感

教学评价使得学习过程变成了可视的事物，通过对学习过程的审视，学生可以清晰地看到自己的学习轨迹和取得的进步，这样学生就会产生一种满足感，获得一种成就感和自豪感，进而学生的学习自信心就会增强，学习的动力就会增加，学习的积极性也会提高。

二、英语教学评价的分类

（一）诊断性评价

诊断性评价也称“教学前评价”或“前置评价”，是为了使课堂教学与学生的需要、特点和背景相适合，而对学生在教学中的行为表现问题进行的诊断。这种问题的范围比较宽泛，既包括学生课堂行为中的问题，也包括学生语言掌握和使用中的问题。在英语学习过程中，学生会遇到各种问题，如在课堂上存在听不懂、走神等问题，在情感上存在对教师的接纳程度、心情好坏、与同学的关系等问题。因此，教师首先要了解学生的问题所在，并进行记录，然后从理解的角度来寻找解决方法。除了每月测试的分数能体现学生的学习情况之外，学生对某一主题项目的完成记载以及教师与学生家长的交谈结果也能体现学生的学习情况。通过获取的信息，教师可以得到反馈，从而了解学生的具体学习情况，发现学生学习中的详细问题。据此设计适合学生的学习活动，满足学生的学习需要，解决学生的学习问题。同时，学生也能根据自己的问题调整学习方法，产生积极的学习动力。诊断性评价的方式有很多种，如精心设计的测验、教学中对学生的提问以及学生的回答等都是有效的诊断性评价方式。

（二）形成性评价

形成性评价是指在教学过程中为了确保活动效果而修正教学活动计划所进行的评价。其主要目的是明确教学活动中存在的问题，并据此明确改进方向，对活动进行及时的调整，以确保活动达到理想的效果。可以看出，形成性评价注重评价的过程，它可以为学生提供必要的信息反馈，从而促进学生巩固其学习，它还能够帮助教师了解学生学习状况，进而及时帮助学生调整学习计划。因此，这一评价方式颇受教师和教育理论工作者的青睐，已成为英语课堂教学的重要组成部分。形成性评价的方式有很多，如常见的采访、座谈，对学生学习研究报告的评论、分析研究结果等。

（三）总结性评价

总结性评价又称“事后评价”，是指在教学活动结束时为把握最终的活动成果而进行的评价。例如，学期末或学年末各门学科的考核、考试就属于总结性评价，其目的是检验学生的学习是否达到了教学目标的要求。可以看出，总结性评价强调教与学的结果，借此对学生所取得的成果进行鉴定和区分，进而评定整个教学方案的有效性。例如，根据学期末考试成绩，教师可以发现学生学习中的问题以及自己教学的不足，从而据此不断改进教学活动，以提高教学效率；学生可以对教师学期和学年的任课情况进行网上评教，教师之间也可以进行互评，以帮助学校对教师进行综合评价。

（四）起点评价

起点评价与总结性评价正好相反，起点评价一般是在学期或学年刚开始进行的评价，其主要目的是了解学生的基本学习情况，为建立良好的集体奠定基础。这一评价方式要求教师在较短时间内对每个学生的学习特点和性格有一个了解，以促使课堂教学的积极进行，同时发现具有突出特点的学生，让这部分学生在今后的教学中辅助教师进行工作，以提高教学的效果。

（五）教学性评价

课堂教学就如同一个小型的社会场所，教师就是这个社会中的领导人，引领着学生在不同层面上交往，并一起建立一个良好的学习环境。但要想真正建立一个和谐、进取的教学环境，除了需要教学纪律、秩序和师生的合作外，还需要教师进行教学性评价，具体包括两个方面的内容。

备课评估，也就是确定教什么，什么时候教，用什么材料。实施评估，即把握课堂教学进度，对准备好的教案和计划好的课堂活动做相应的调整。

（六）正式评价

正式评价是指事先制定完整的评价方案，并严格按照规定的内容和程序进行，并由确定的评价者进行的评价。正式评价的方式有很多，如评分、评语、家长座谈等。

上述介绍的几种评价方式之间并非完全排斥，有时几种评价方式十分相似。在教学中，教师可依据课堂教学和学生的具体情况选择合适的评价方式，以提高英语教学的有效性。

三、奖励的评价原则

奖励是一种重要的评价手段，如果运用得当，将会大大激发学生学习的积极性和主动性，大大提高课堂教学效率。因此，我们在教学活动中要恰当地使用奖励这一评价手段。

（一）奖励态度

在我们一般的奖励原则中，很多教师是以学生的考试分数和排名进行奖励的，考试分数高的，排名靠前的，就会受到我们的奖励，而考试分数不理想的，排名靠后的，则不被教师重视。笔者认为除了这样的奖励之外，还应该将学习的态度和努力的程度作为奖励的标准。我们都知道，一次考试的成绩有时候代表不了什么，有的同学可能对这次考试的试题不太适应，从而导致了考试时发挥得不理想，但是这样的成绩并不能代表他努力的程度和学习的态度。如果我们仅仅以学习成绩和排名来进行奖励的话，那么，有一部分学习十分努力，态度十分积极，但是由于偶然的因素，在这次考试中未能正常发挥水平，导致考试成绩不理想的学生则会受到打击，从而丧失学习的积极性。因此，在进行奖励时，我们可以在成绩和排名之外设置一个学习态度和努力程度的奖项。让那些认真努力但尚未获得理想成绩的学生继续保持学习的积极性，说不定下一次这些同学就会发挥出他们应有的水平，考出自己的理想成绩。

（二）奖励频次

在进行奖励的时候，我们要特别注意奖励的频次问题。在教育学上有一个规律，就是德西效应，说的是在某些情况下，人们在外在的报酬和内在报酬兼得的时候，不但不会增强工作动机，反而会降低工作动机。此时，动机强度会变成二者之差。这个规律告诉我们，如果在教学过程中奖励的频次过高，就会产生这样的问题。比如，在课堂教学中，如果有谁积极回答教师的问题我们就奖励，看谁的坐姿比较端正我们就奖励，看谁记住单词我们就奖励，看谁读课文读得流利我们就奖励等，这样我们的奖励频次就显得有些高了。这样的评价导致这样的结果：一是导致奖励变得微不足道，学生对奖励的刺激作用变得麻木，从而对学生失去吸引力；二是使学生对奖励产生依赖心理，被奖励所左右，从而把奖励当成学习的目的，一旦不使用奖励的教学评价手段时，学生将会彻底丧失其内部的学习动机。因此，我们在使用奖励的手段时一定要注意使用的频率，不可过高。当然，这里频次适度为合适。那么，怎样的奖励频次为适度，则需要我们根据课堂教学的实际情况进行把握，不可一概而论。

（三）奖励形式

作为教学评价的奖励，其形式应该是灵活多样的，比如既要有精神鼓励，又要有物质奖励等，到底我们应该采取什么样的奖励形式，应该多方面考虑学生的需要和兴趣。当然，有时候我们也可以根据学生的意愿选择教师所提供的奖品，抑或是根据学生的需要提供奖品。假如我们所提供的奖品学生不是特别感兴趣，这样就会失去奖品的激励功能，从而使这一评价形式失去效用。恰当地使用奖励将会大大激发学生学习的积极性和主动性。

四、评价重要性及内容

（一）语言与文化的关系

语言是人类特有的用来表达意思、交流思想的工具，是由语音、词汇和语法构成的一定的体系。文化是一个符号系统，是一个交际体系，是价值观、信仰、知识、行为、思维方式及一种语言群体的所有成员的缩影。

不同民族的文化和社会风俗在该民族的语言中表现出来。著名语言学家罗常培曾从几个方面分析了语言对文化的反映和体现：从词语的语源和演变可以推溯过去文化的遗迹；从造词心理可以看民族的文化程度；从外来词看文化的接触；从地名看民族迁移的踪迹；从姓氏和别号看民族来源和宗教信仰；从亲属称谓看婚姻制度等。语言是传递或传授文化的重要工具，文化通过语言表现出来，离开了语言，文化便失去了重要的传递途径。

不同的文化特征产生了不同的语言特征，语言差异其实是文化差异，文化对语言起决定和制约的作用。文化不断地将自己的精髓注入语言当中，丰富和更新着语言的文化内涵。对某种语言的学生来说，学习该目的语的同时也必然接触到该语言背后的社会文化环境，想更好地理解语言必须有意识地去理解这种语言的文化背景。

可见，语言在一定形式上体现着文化，成为文化的重要载体。文化孕育语言，语言发展文化，两者息息相关，密不可分。

语言和文化的关系理论表明，语言学习不应该纯粹是语言知识本身的掌握，相反，语言学习应该涵盖文化知识内容。因此，外语教学应该是一个语言知识讲授和文化知识导入相结合的一个有机整体。文化的学习离不开语言，而离开文化教学的外语教学是不完整的。

（二）进行大学英语教学评价的重要性

教学评价是以教学目标为依据，运用可操作的科学手段，通过系统地收集有关教学的信息，对教学活动的过程和结果做出价值上的判断，并为被评价者的自我完善和有关部门的科学决策提供依据的过程。这种活动是一种教育活动，同时也表现出社会活动的特质。教学评价的重要性已得到公认，它一般具有检测、诊断、反馈，调节、激励、导向等教育方面和管理方面的功能。

教学评估是大学英语课程教学的一个重要环节，对英语教学具有导向和评价作用，是成功教学的基础，是教学决策的重要依据。全面、客观、科学、准确的评估体系左右着教学过程，决定着教学的良好结果，对实现大学英语课程目标至关重要。评价能使教师获取反馈信息，能使教师不断反思自己的教学行为，从而对教与学的活动进行有效的调节，并完善教与学的目的；通过评价能使学生了解自己的学习行为、学习方法、学习情感和态度，从而及时调整学习策略、改进学习方法、提高学习效率；通过评价能使学校及时地了解教师的教学能力、教学态度和学生学习过程的基本情况，使之更有效地为科学管理提供信息保障。

交际教学法在现代外语教学中占有举足轻重的位置，它强调交际能力的提高，有利于实现大学英语的教学目标，而文化知识和文化适应能力是交际能力的重要组成部分。有学者提出的交际能力的四个重要参数——合语法性、适合性、得体性和实际操作性，其中适合性和得体性的实质就是语言使用者的社会文化能力。由此看来，对学生的文化知识和文化适应能力进行评价至关重要。

从跨文化角度来看，教学与测试的结合可大大丰富语言课程；如果评价符合课程目标，应该是非常有效的。我们如果希望在课堂中把文化教学摆在重要的位置，那么对文化教学的评价也必须放在同等位置上。如果我们不评价学生的文化知识和文化适应能力，不把语言知识评价与文化评价结合起来，我们就不能教好文化，就不能把语言教学和文化教学有机地结合起来。在外语课程中，学习和教授文化有其必然性。只对语言本身进行评价会带来一些不利的结果，如低估了文化内容在课程中的地位，教师和学生会误认为他们不该在这方面花费宝贵的时间。

总之，既然语言和文化密不可分，脱离文化去评价语言教学是不可能的，文化教学与评价必须结合，否则文化教学地位就会受到制约。文化作为大学英语教学的主要目标和内容之一，在测试评估中应该给予充分体现。这样，才能督促教师和学生关注文化能力的培养，才能对整个教学过程和教学结果做出正确、全面的评价。

第二节 教学评价的方式、原则

一、教学评价的方式

（一）测验

测验是教学评价的一种重要方法，是对行为样本客观和标准化的测量。测验包括学前摸底测试（预测）、期中测验和期末考试（后测）。如果评价的目的是了解学生认知目标的达标程度，测验则是最常用的工具。在评价其他对象时，也常常要通过对学生学业水平的测验来获得评价的间接资料。例如当评价某种学习资源在某种教学条件下的适用性时，利用测验可以取得学生学习后的量化资料，而从这些量化资料中可以分析出该学习资源对学生学习的作用。

（二）调查

调查作为教学评价的重要手段，是通过预先设计的问题请有关人员进行口述和笔答，从中了解情况，获得所需要的资料。调查的主要形式有问卷和面谈两种，通过调查既可以了解学生的学习习惯和态度、学习兴趣和意向，也可以了解各方面对教学过程和教学效果的意见、学习资源对学生产生的效果等，从而判断教学或学习资源的有效程度，为改进教学或学习资源提供依据。在调查过程中，将有很多相关因素相互作用。以面谈为例，谈话的地点、时间，谈话人的态度、身份，问题的表述及敏感性等都会影响调查的结果。为保证评价的合理真实，必须事先对即将付诸实施的调查进行精心的设计。但每一次完整的调查，都包含目的、对象、内容、范围、方法等诸多因素，而每项因素又会体现出各不相同的特征，从而形成比较明显的界限，根据调查目的、调查对象、调查内容的不同，调查可分为多种类型。①

（三）观察

观察即在自然的教育场景下了解观察对象。观察与测验、调查的区别是被观察者像往常一样学习和活动，不会产生或感到任何的压迫感。所有收集的资料自始至终都是被观察者的常态表现，都是自然的、真实的。观察一般要在事前确定观察目的、观察范围，并必须明确对将观察的某现象需设置哪些变化的情况或场景，使被观察者在这种特定条件下进行活动，以获得合乎实际目的的材料。根据研究的目的、内容、对象的不同，可采用不同的观察方法。

（四）真实性学生评价

真实性学生评价就是从学生真实的学习活动中，收集其完成日常学习任务的真实表现资料，并据此对学生学习与发展状况做出综合评价的方法。此法产生于20世纪80年代末90年代初的美国，作为一种新的评价方式和理念，它一经产生便引起了学者们的广泛关注。开放性、过程性和情景性是真实性评价的突出特点。从真实的学习活动中收集真实表现资料，收集到的不仅是来自学习过程的真实信息，而且是学生各方面综合表现的信息；强调学生亲身参与，注重考查学生对知识的理解与实际应用、学习过程与方法。因此，真实性学生评价真正实现了对学习过程的关注、反馈与改善，而且可以据此实现对学生发展的综合评价。

（五）表现性学生评价

表现性评价简单地说，就是通过观察学生在真实情景或模拟情景中应用知识技能解决问题的“真实任务行为表现”而评价学生实际能力。具体地说，就是通过观察学生在实验、调查、科技制作、问题讨论、演

①李韶丽．大学英语教学评价模式的构想和实践[J]．英语广场，2023(09)：113-116.

讲、展示、角色扮演等学习实践活动过程中的真实行为表现，对学生参与意识、合作精神、操作能力、探究能力、交流技能、解决问题的思路与过程、知识理解程度与应用能力等做出全方位的评判。

（六）档案袋评价

档案袋评价是把反映学生在一定时期内学习过程与进步状况的真实资料以文件形式呈现，用档案袋汇总保存，据此对学生一定时期内学习过程与进步状况做出全方位的真实性评价。档案袋的建立是教师和学生共同协作的结果，主要由学生本人记录、汇总自己参与学习活动的重要经历资料，诸如各类疑难问题与解决过程，实验设计方案，探究活动的过程情况，各种学习信息资料，学习方法策略的使用及效果，单元知识总结，自我反思评价与他人评价的结果，学习成绩，参加校内外科学实践活动的过程、体会与成果，家长与教师期望等。档案袋评价能真实地记录学生在学习过程中的成长足迹，督促学生经常自我评价，反思学习方法，培养他们学习的自主性和自信心，促进综合素质的发展。

（七）发展性学生评价

发展性学生评价是指依据一定的教学目标和教育价值观，评价者与学生建立相互信任的关系，共同制定双方认可的发展目标，运用适当的评价技术和方法，对学生的发展进行价值判断，使学生不断认识自我、发展自我、完善自我，不断实现预定发展目标的过程。它的核心思想在于促进学生的发展，一切为了学生的发展，评价标准、内容、过程、方法和手段都要有利于学生的发展。这与传统的学生评价有很大的区别。发展性学生评价的特点包括：应基于一定的培养目标，并在实施中制定明确、具体的阶段性发展目标；其根本目的是促进学生达到目标，而不是检查和评比；是注重过程的评价；关注学生发展的全面性；倡导评价方法的多元化；关注个体差异；注重学生本人在评价中的作用。实施发展性学生评价的基本程序是：明确评价目标和标准；选择并设计评价工具与评价方法；收集和分析反映学生发展过程和结果的资料；明确促进学生发展的改进要点并制定改进计划。

二、教学评价的原则

（一）多维性原则

多维性原则是指在课堂教学评价中，应该从多个角度运用多种方法对课堂教学的过程和课堂教学的结果进行全方位的评价，从而使大学英语有效教学评价具有全方位、多视角的特征。多维性主要体现在三个方面。

1.评价内容的多维性

即在评价中应该考虑到课堂教学的各个方面，包括课堂教学的过程、教师的教学能力及水平、课堂教学要素、课堂教学结果、学生的参与度等方面。但这并不是说，每次课堂教学都必须要完整地对所有的因素进行评价，或者所有的因素在每次评价中所占的权重都是一样的，而是需要根据评价的目的有侧重地进行选择。在选择过程中，既要考虑到评价的目的，也要考虑到课堂教学评价的一般要求，还要考虑到当前教学评价发展的理论前沿。

2.评价主体的多维性

要求评价主体既有课堂教学之外的人员，如研究者和教育管理者的参与，也有课堂教学内的被评教师或学生，同时还可以考虑同事或同伴评价，改变了原来在评价过程中的单纯以他评为主的方式，重视自评和互评。

3.评价方法的多维性

改变单纯以纸笔测验为主的方式，更多地采取观察、成长记录袋、真实性评价等方法进行多方面的评价，既要重视客观、量化的评价方法，也要重视量化和质性评价相结合的方法，以质性评价统领量化评价。因为量化的评价把复杂而又丰富多彩的课堂教学过程简单化、格式化了，而质性评价却更关注复杂而丰富的课堂教学过程，强调教学过程的完整。这样对被评价者的评价也更为准确、客观和全面。

（二）过程性原则

过程性原则是指改变以往评价中过分重视终结性评价的倾向，要把评价对象当前的状况与其发展变化的过程联系起来，由一次性评价改变为多次性评价。过程性原则强调以教育教学过程中评价对象的表现作为评价的主要内容，以促进评价对象的发展为根本目的，体现满足社会发展需要与个体发展需要的辩证统一，使评价过程成为促进发展和提高质量的过程。过程性原则有三个基本的特征：一是把全部有价值的教育教学活动都纳入评价的范围，不论这些活动是否与预期的目标相一致；二是在方法论上，既倡导量化研究的方法，也给质性评价一定的位置；三是本质上受“实践理性”的支配，它强调过程本身的价值，强调评价者与评价对象之间的交流和相互理解。

（三）真实性原则

真实性原则强调在真实生活情景下对学生的发展进行评价，在真实性评价中应该包括有真实性任务，即某一具体领域中可能遇到的那些真实的生活活动、表现或挑战。美国学者格朗特·威金斯认为真实性评价有五个特征：一是评价既指向学生学习的结果，也指向学生学习的过程，凸显评价的诊断与服务功能，即为学生的学习提供有效的反馈和建议，而不仅仅是选拔与区分功能；二是强调在现实生活（或模拟现实生活）的真实情景中，给学生呈现复杂的、不确定的、开放的问题情景以及需要整合知识和技能的活动任务（即“有意义的真实性任务”）来对学生进行评价，评价重在考查学生在各种真实的情景中使用知识、技能的能力，而不是学生对知识信息的积累与占有程度；三是任何一个真实性评价都必须事先制定好“量规”或“检核表”，所谓“量规”，是一种界定清晰的、用来对学生的表现或作品进行评分或等级评定的评估工具，一个完整的“量规”应当包含三个基本要素，即“具体的评估标准”“区分熟练水平”及“明确的反馈”，学生应该提前知道评价的任务及具体标准，而不是像传统的测验那样需要保密；四是真实性评价承认个体差异，主张对不同的学生提供不同的评估策略，以适应各种能力、各种学习风格以及各种文化背景的学生，为展示他们的潜能与强项提供机会，而常规的考试和测验往往忽视学生的个体差异，且常常用来找出一个人的弱点，而不是他的长处；五是评价通常被整合在师生日常的课堂活动中，成为教师教学、学生学习的一部分。在真实性评价中，评价是师生共同的任务，学生不再是被动的测验接受者，而是评价活动的积极参与者，学生参与评价（包括对同伴的评价或自我评价）是学生学习的一种形式。

（四）发展性原则

发展性原则是指课堂教学评价着眼于促进学生发展，侧重于观察和衡量学生的表现，着眼于促进教师教学水平的不断提高，激励教师转变观念，进行课堂教学的改革。课堂教学评价的目的尽管不排除其检查、选拔和甄别的作用，但其基本目的在于促进学生发展、提高和改进课堂教学实践，在于反馈调节、展示激励、反思总结、积极导向等基本功能。因此，课堂教学评价应该坚持发展性评价原则，即以发展的眼光来客观评价主体的变化，重视对课堂教学过程的评价，强调评价内容多元化、评价过程动态化以及评价主体间的互动等，以实现评价的最大收益，达到促进发展和改进的目的。发展性原则有以下特征：①发展性原则着力于人的内在情感、意志、态度的激发，着力于促进个体的和谐与发展，强调以人为本；②发展性原则强调评价主体多元化，主张使更多的人成为评价主体，特别是使评价对象成为评价主体，重视评价对象自我反馈、自我调控、自我完善、自我认识的作用；③发展性原则在重视教学过程中的静态、常态因素的同时，更加关注教学过程中的动态变化因素，即由师生之间情感等的交互作用而使得课堂教学出现的偶发性和动态性；④发展性原则更强调个性化和差异性评价，要求评价指标和标准是多元的、开放的和能够体现差异的，对信息的收集应当是多样的、全面的和丰富的，对评价对象的价值判断应关注评价对象的差异性、有利于评价对象个性的发展；⑤发展性原则在重视指标量化的同时，更加关注质性评价的作用，强调用质性评价去统领定量评价，认为过于强调细化和量化指标往往会忽视了情感、态度和其他一些无法量化但对评价对象的发展影响较大的因素的作用。

第三节 大学英语有效教学评价的特点

一、大学英语有效教学评价特点

大学英语有效教学评价实现了评价的主体多元化。评价主体从单向转为多向，增强评价主体间的互动，强调被评价者成为评价主体中的一员，建立学生、教师和专家等共同参与、交互作用的评价制度，以多渠道的反馈信息促进被评价者的发展。

评价的内容综合化，强调评价问题的真实性、情景性。重视知识以外的综合素质的发展，尤其是创新、探究、合作与实践等能力的发展，以适应人才发展多样化的要求。

评价标准分层化，关注被评价者之间的差异性和发展的不同需求，促进其在原有水平上的提高和发展的独特性。

评价的标准体现最新的教育观念和课程评价发展的趋势。尊重学生的差异性，重视学生在评价过程中的个性化反应，同时倡导学生在评价中学会合作。关注人的发展，重视被评价者的主体性及评价对个体发展的建构作用。

评价方式多样化，将量化评价与质性评价方法相结合，适应综合评价的需要，丰富评价与考试的方法，如成长记录袋、学习日记、情景测验、行为观察和开放性考试等，追求科学性、实效性和可操作性。

评价不仅重视学生解决问题的结论，而且重视获得结论的过程。更多关注被评价者在各个时期的进步状况和努力程度，把有价值的教育教学活动都纳入评价范围，很好地发挥评价促进发展的功能。体现大学英语改革的精神，保障大学英语改革的顺利实施。

评价目标在于促进发展。淡化原有的甄别和选拔功能，关注学生教师、学校和课程发展中的需要，突出评价的激励与控制功能，激发学生、教师、学校和课程的内在发展动力，促进其不断进步，实现自身价值。

将形成性评价与终结性评价有机结合起来，使学生、教师、学校和课程的发展过程成为评价的组成部分；而终结性的评价结果随着改进计划的确定亦成为下一次评价的起点，进入被评价者发展的进程之中。①

二、评价改革

当前，我国大学英语教学评价并没有完全脱离传统的评价方式，即以考试成绩对学生的学习能力以及教师的教育质量做出评定。虽然通过考试成绩评定的方式有一定的优点，但是在实际的教育应用中，单一地以考试成绩来衡量教师的教学成果和学生的学习效果，带来的负面影响也是不容小觑的。传统的评价方式是以考试成绩为标准，考试成绩是衡量学生学习效果的唯一依据，导致了大学英语课堂为了考试而学习的局面，简单地以分数来评定学生的学习效果，无法激发学生对大学英语的学习兴趣。因此，大学英语教师应极力改变英语教学的评价方式，以突出学生主体性，发挥学生的主动性与创造性为主要目的，争取打造高效的大学英语课堂以提高大学英语的学习效率。

（一）大学英语教学评价改革的必要性

随着新的评价理论不断地产生，人们对新的评价方式的不断深入了解，大学英语教学评价方式的改革成为大学英语教育一项全新的任务。当前，对于大学英语教学评价的改革引起了教育事业以及社会的广泛关注，也充分体现突出了大学英语教育评价改革的必要性。因此，如何改变大学英语教学的评价方式就成为教育机构以及大学英语教师的重要任务。大学英语教师应对学生强调人的主体能动性，充分调动学生的积极性，即要求学生积极主动地参与教学。拒绝传统的教师传输知识、技能的方式，而是学生通过自主学习的机制，主动地参与学习，教师作为教学中的引导者和帮助者应充分体现以学生为主体的有效教学，教师对于学生的评价不应以传统的学习成绩与能力为唯一的标准与尺度。

（二）大学英语教学评价方法的缺陷

首先，在大学英语的活动评价中，几乎只限定于教师对学生的评价，

①许方元．大学英语有效教学现状调查[D]．武汉：湖北大学，2018.

缺少的是教师与学生之间的相互评价、同学之间的相互评价、教师的自我评价。教师只是作为单一的评价主体，缺乏与学生之间的交流，大学英语教师没有给予学生足够的空间与时间去参与评价的教学活动。其次，在大学英语教学过程中，传统的评价方式只能通过教师对所学的知识的提问，对集体或个别学生的学习效果做出相应的评价，而这种单一的评价方式也正是大学英语教学评价的缺陷之一。然而英语教学中评价的内容也只是需要掌握的基本知识，无法满足对学生思维方面的启发，所以得不到较为明显的评价效果。

（三）改进大学英语教学评价方法的对策建议

对大学英语教学评价的重新认识。教学评价作为大学英语教学中的重要组成部分，全新的教学评价内容应特别注重教师和学生的积极参与，只有在教师与学生的积极参与中才能做出教学评价的总结，促进新的教学机制与完善的教学功能。全新的教学机制需要充分发挥学生成为课堂教学活动中的主体，只有让学生成为课堂教学活动中的主体，才能充分激发学生的学习积极性，使学生有意识、有责任地参加大学英语的教学活动。正确的评价方式便是调动学生发挥主体参与性，让学生通过自己的积极努力，证实自己的学习能力可以有效地提高大学英语的教学效率。

大学英语教学评价应有的特点及基本原则。优质的大学英语教学评价，要具有一定的多元性，需要大学英语教师充分调动不同的评价主体，以尊重学生的不同意见为前提，在学生中展开评价活动。大学英语教师应鼓励学生有创意的思想，培养学生多元的思维能力，促进良好教学评价的形成。大学英语教学评价还需要注重学生各方面的综合素质，对学生的关注不局限于学生的学习成绩，应培养学生整体、全面的发展。大学英语教师应合理利用教学评价的特点，让学生在教学活动中自觉地开展评价，做到充分发挥大学英语教学评价的作用。大学英语教学评价应遵循一定的基本原则，教学评价的作用不能简单地针对学生的学习状况做出评价，大学英语教师应做到以学生为评论主体，有效地促进学生的自我学习能力与自主学习能力。良好的教学评价有助于促进学生的兴趣爱好、学习意志等优秀学习习惯的形成和发展。

综上所述，大学英语教学评价方法的改变有助于提高大学英语的教学效率，传统的评价方式是以学生的考试成绩评定教师的教学成果与学生的学习效果，造成了大学英语教学出现了严重的应考模式，为了考试成绩而学习使部分学生失去了对学习英语的热情。打破传统的评价方式是对大学英语教育的一项全新的改革方法，大学英语教师以充分激发学生学习兴趣为出发点，突破传统的以学生考试成绩为衡量学习效果的标准，对学生的学习效果做出全新的评价，大学英语教学评价方式有助于提高大学英语的教学效率。

第七章 “互联网+”背景下的高校英语有效性教学

第一节 “互联网+”背景下的高校英语翻转课堂教学研究

一、“互联网+”翻转课堂是高校英语实践教学的重要创新

（一）角色互换，先学后教

在应用翻转课堂进行英语授课中，要使用多种形式提升学生自主学习的能力，教师普遍采用先教后学的形式，主要对学生进行英语知识点的普及教育。英语知识的整体学习，通常包含了知识内化及知识传递。在英语日常授课过程中，教师普遍应用传统的授课形式，以便学生能够牢固掌握基础知识。但是，这种传统的授课手段不利于提升学生的实践能力，尤其是当学生在学习过程中出现疑惑时，师生间的互动不够畅通和深入，问题解答的及时性也不够，继而影响学生对知识进行内化。应用翻转课堂这种全新的形式传递英语相关知识，一般的应用形式为教师与学生彼此间进行角色互换，以便学生能够自主探究知识，使其内化。将英语知识内化是将授课的整个过程，在实践及空间中进行有效的翻转，实现学生先学习教师后教学的形式。同时，在实施翻转课堂的教学

过程中，学生出现的情况和提出的问题涉及的知识面非常宽广，教师可以针对不同学生提出不同的教学意见，这种建议既有针对性又有普遍性，通过与学生间的广泛交流，可以有效了解学生的学习动态，提升教学效果及学习效果。

（二）融入课堂，自主学习

在传统教学中，教师要在有限的课堂时间内完成教学任务，还要最大限度地保障学生的学习效果，所以要安排和布置一系列教学过程。翻转课堂的应用使学生在授课前便可以对相关知识有所内化，使学生真正成为教学的主体，锻炼其自主学习能力。

二、“互联网+”对高校英语教学的影响

第一，将互联网应用到高校英语教学中，对高校英语教学的有效性有着至关重要的影响。高校英语教师可以利用丰富的教学资源和教学内容，提高高校英语的课堂效率。高校英语教师可以通过互联网中大量的信息资源，丰富学生的英语学习内容，通过教学视频、英语歌曲等多样性的教学方式，改变传统、单一的英语教学模式。第二，通过互联网的应用，可以有效提高学生的学习兴趣和积极性，更好地提升了高校英语课堂教学效率。丰富的教学资源是提高学生学习兴趣的重要组成部分，形式多样的教学资源可以使高校英语课堂变得丰富多彩，提高学生的学习兴趣与积极性。第三，互联网下的高校英语教学，对于促进师生间的交流和提高高校英语课堂的互动性，也有着重要的影响。传统的高校英语教学课堂都是以教师为主体，课堂上缺乏互动性，学生也会因为怕回答错误，而不愿意过多发言，久而久之就形成了课堂互动较差的效果。在实际教学应用中，教师可以通过互联网的虚拟课堂，让学生在练习教学中畅所欲言，有效提高高校英语课堂的氛围，并能较好地激发学生的学习兴趣。①

①李艳霞.“互联网+”教育背景下应用型大学英语翻转课堂教学评价体系研究[J].吉林广播电视大学学报,2020(06):84-85.

三、基于“互联网+”的高校英语翻转课堂教学模式

（一）明确教学目标，做好教学准备

实施英语教学前，教师一定要熟悉掌握新教材内容，结合自己的教学经验和学生的英语水平，对其进行模块化处理，针对不同学生之间的差异选定不同的教学方案，因材施教，明确好教学目标和任务。同时，教师应做好准备工作，收集资料和教学资源，并通过网络把这些教学内容发送到学校的APP中，确保学生课前就可以了解相关知识，做好准备。

（二）引导学生预习，传授英语知识

现在科学技术较为发达，移动设备也种类繁多，学生可以及时掌握并熟悉教育者发布的信息，了解和掌握其主要内容。要求教育工作者积极引导和组织，为学生获取英语知识提供重要的资源和环境，让学生能够自由安排时间进行学习，利用课余时间还能在学校的APP上学到更多对专业知识有帮助的东西。老师还要督促学生进行在线的实践学习，评估学生的整体学习情况，激发学习松懈学生的自主学习能力。授业与解惑密不可分，只有帮助学生解决问题，才能巩固所学知识。教育工作者应设立交流互动板块，及时了解学生的学习方向和进度，解决学生提出的问题，整理一致的问题，并将其作为课堂教学的一部分进行讲解。

（三）落实课堂分析，强化知识总结

大多数高校学生的自学能力都比较不错，课前也已经在APP上对所学知识进行了简单的了解，很多学生头脑中已存在一个系统框架，但是缺少老师的系统教学，其思维或多或少会出现混乱和漏洞，需要教师落实课堂分析，强化知识总结，强化学生的英语知识体系，充分调动其主观能动性。教育工作者应引导学生进行相关知识的学习，并为其提供良好的氛围，及时评定学生的实践活动，提高其英语实践能力。

四、“互联网+”背景下翻转课堂高校英语实践教学措施

（一）打造自主学习的环境

教师要针对翻转课堂所具备的特征，营造宽松的英语环境。授课过

程中，教师要引导学生找到符合自己自主学习的方法，利用单词之间的联系，引导学生对知识进行串联。例如，在同音异词的学习中，要指导学生牢记单词最重要的意思，绘制单词导图，应用思维导图的形式，可以帮助学生加深对单词的记忆，提高学习效果。

（二）构建多样的英语活动

教师应根据不同学生的学情将其分为若干学习小组或单元，搭建合理有序的自主学习活动平台。教师要多引导学生的发散思维能力，加强对单词进行构图和发散的能力。定期开展竞赛，设置单词导图比赛，充分开发学生想象力，提升其各项英语思维能力。

五、翻转课堂应用在高校英语教学中的个人经验

（一）课前制作教学视频

日常授课前，教师以名人名言作为课前引线引出课堂主题，对于激发学生的学习兴趣和动力是非常有帮助的。利用5分钟时间讲解教材中出现的一些重点单词，将例句、用法及具体读音传授给学生，为相关学习提前做好准备。在学习过程中，要充分利用翻转课堂所具有的特征进行多方位的系统学习。

（二）师生互动交流

通过视频教学，学生多少会产生一些疑问和困惑。这时，教师有必要设置在线解答环节，及时掌握学生的学习情况，对于学生出现的一些疑难杂症，即使当时不能一一解答，也需要将它们收集起来，在之后的课堂中对这些疑点进行解答。此外，学生与学生之间要建立学习团队，使彼此之间能够互相帮助，互相促进，对知识有进一步的领悟和学习。教师要在学生对知识进行讨论的过程中对其进行一些指导，加强与学生的沟通交流，更好地完成教学目标。

六、“互联网+”背景下高校英语教学的设计要素

（一）教案

教案是教学的具体方案，可以以一节课或一学期为单位编写。通常

以一节课为单位编写，称为课时教学计划。编写教案对于完成教学任务具有重要意义。每一种英语教程的大纲都应有明确的教学目的，而这一教程中的每一节课，也应有围绕完成总目标而设定的具体目的。教案应根据每一次课的具体教学目的，设定具体的教学内容和教学方法。教案的设置，不仅要考虑到完成的教学内容，还要考虑到特定的教学对象的实际情况，尽可能因材施教，方能收到较好的教学效果。

1.教案的内容

教案有繁有简，有详有略，新教师宜写"详案"，有经验的教师则可只写"略案"，但不论详案、略案，都必须充分而详尽地反映一堂课的教学工作的全部内容和整个过程。通常教案的内容，主要包括：教学目的、教学提纲、教学过程、教学重点和难点、直观教具、指定作业、评鉴考查、板书设计、备注心得等。教学过程，应包括一节课的教学环节、教学内容和教学方法的运用以及时间的大致分配。教学方法不一定要单独列出，也可寓于教学内容之中，至于备注心得则用来记载教学的效果，总结经验教训。

2.教案的编制

编制步骤：①确定教学目的；②了解教学情况；③确定教学重点和难点；④选编教材；⑤决定教学方法；⑥准备教具；⑦计划教学过程；⑧选定实例、拟订问答及讨论题和列出复习要点；⑨总结；⑩作业。

编写教案的原则：①教材。认真钻研教材，熟悉教材，是编写教案的基础，在此基础上才能对教材做适当的选择和组织，并能预料学生在学习中的困难，提出解决的办法；②学生。了解情况，熟悉学生，加强编写教案的针对性。在编写教案时，必须了解学生的知识水平、学习能力和经验、学习的心理状态，才能适合学生的能力、兴趣和需要，有效地指导学生学习。

（二）课堂自学方法指导的设计

自学是指学生独立地获取知识的一种学习活动。这是一个人一生中获取知识的主要途径之一，也是一个人"一生中最好的学习方法"。古今中外许多名人、伟人都是靠自学成才的。把发展学生自主学习的能力作为基础教育阶段英语课程任务之一。因此，教给学生自学的方法，就是给学生以“点金”之术、“捕鱼”之法。学生如果能掌握自学方法，一生将会受益无穷。高校生自身似乎有一种先天的教育结构可以支持他们的学习。据调查研究表明，学生可以自行学习教材内容的60%以上。因此，教师不应该低估学生的学习能力。

学生不仅是学习个体，而且都是独立的学习个体，一个学生就是一个独立的学习个体，一个学生就是一个独立的世界。每个学生都有其独特的人格特点和价值，我们不能幻想用一个整齐划一的标准要求个性千差万别的学生群体。教育者只有尽可能地尊重每位学生的个性，从学生的个性出发，因势利导，促进学生学习潜能的发挥，这样，才能保证他们实现自我价值。

学生是学习活动的主人。学生的主动性如何，学生的学习热情怎样，将在很大程度上影响自学的效果。也就是说，学生的自学效果一方面受学生学习动机的影响，另一方面则受制于教师对学生自学前的指导力度。指导得力，则自学效果好，反之，自学效果就差。因此，为了使学生能够自觉主动而有效地完成自学任务，教师既要有自学内容的指导，又要有自学方法的指导。在自学内容的指导上，教师要根据教学目标的需要提出具体明确的要求，如自学的范围、思考的内容、自学的时间、要达到什么程度、自学后教师如何检测，等等。同时，还要对学生的自学方法进行指导，如怎样看书、怎样做练习等。

第二节 “互联网+”背景下的高校英语教学生态课堂构建研究

“互联网+”背景下，改变了以往以教师为主体的课堂教学模式，逐渐转变为教师为主导地位、学生为主体地位的课堂教学模式，随着“互联网+”与高校英语教学的深度融合，高校英语教学正在不断地变革，并取得一定的教育成效。然而，同时也出现一些教育失衡状态，诸如师生关系疏离、教学模式与教学理念的不统一、师生信息素养不高等一系列问题。因此，“互联网+”背景下，高校英语课堂教学应该根据出现的问题进行反思，采取教育生态学理念，积极构建生态课堂教学模式，从而实现高校英语生态课堂教学模式。①

一、生态课堂的概述

随着对生态学的研究，生态学的概念已经被引入到教育领域中，并取得一定的教育成效。生态学是研究生态系统功能与结构的学科内容，其强调生命的相互关系、相关联系、相互依存的联系。由于生态学的概念是与生命相关的，故而，将生态学运用到课堂教学中，体现了教育者、被教育者、环境之间的相互关系与相互依存。生态课堂是课堂每一名参与者之间的关系以及参与者与课堂空间之间的关系，其具有共生性、协变性、整体性等特性。其共生性是指在生态课堂教学中，师生应该和谐相处，实现共赢的教学目的，一方面的变化则会影响到另一方；其协变性是指在生态课堂中各个要素之间的相互影响与作用，也就是说，一方面的变化会使其他方面进行协调改变；其整体性是指在课堂上根据不同的教学活动与教学规律构建的整体性，同时其也是教学活动事件与参与者的整体性。课堂教学作为生态学的一个小生态系统，是通过学生、教师、课堂教学环境组成的，并在此组成中相互交流、相互交换，从而能够实现生态课堂的根本功能。

二、“互联网+”背景下高校英语教学生态失衡的现象

（一）结构优化功能失衡

“互联网+”背景下，信息技术已经成为高校英语教学的主导因子，同时也打破了以往高校英语课堂的生态结构平衡。由于高校英语教学受到班级人数、课时计划、教育环境等因素的影响，在实际的高校英语课堂教学中，教师很难完成“互联网+”背景下的英语教学任务，从而导致高校英语课堂生态结构优化功能失衡。此外，虽然素质教育已经实施

①江海云.“互联网+”背景下高校英语生态课堂的构建分析[J].知识经济，2020(06)：123+125.

很久了，但受到以往教育理念的影响，有少部分英语教师在课堂教学中，还是以自己为教育主体，一味地向学生教授知识理论，很少与学生形成互动关系以及引导学生去探究英语知识内容，学生在整个英语课堂中的地位仍然是缺乏主动性的，学生缺乏主观能动性，从而导致“互联网+”背景下高校英语生态课堂教学失衡。

（二）生态主体之间协调功能失衡

“互联网+”背景下，以现代化技术为依托构建的新型高校英语生态课堂环境，教师与学生同样作为生态课堂教学中的主体，但却形成了主体间的生态失衡状态，其主要体现在以下几方面：其一，随着各大院校大幅度增加生源的招收，而英语教师培养学生的数量不能够满足实际需要，从而导致生态主体之间的失衡；其二，“互联网+”背景下，高校英语教学提倡实施分级教学模式，虽然这样的教学模式在一定程度上取得了教学效果，提高学生的主观能动性，但同样也改变了以往班级教学的生态格局，在此过程中，一些学生会增加生理与心理压力；其三，“互联网+”背景下，促使大量的信息设备被引入到课堂教学中，减少了师生之间的有效交流与沟通，取而代之的是计算机、信息设备的互动。

三、“互联网+”背景下高校英语教学生态课堂的构建

（一）营造网络化的生态教学环境

“互联网+”背景下，信息技术的运用使高校英语教学发生了巨大的改变，并在此也取得一定的教学成效。英语语言的学习需要大量语言观摩、训练、输入，而信息技术的运用能够满足学生对学习的需求，同时也为学生学习提供了帮助。而高校英语网络化的生态教学环境特征体现在以下几方面。其一，课堂教学环境较为关注学生的个性培养，使学生能够身心健康发展；其二，网络化生态教学应该是和谐平衡的，课堂教学应该是动态流动的、开发互动的。这样的教学模式，能够使学生在教学过程中更好地发现问题，同时也有助于学生快速地解决问题。学生学习英语知识也是一个动态过程，其包含英语知识内容的更新、学习过程的不确定、学生的学习需求等多方面因素。在传统英语课堂教学中，引

入信息技术，能够使以往课堂教学之间各个链条得到优化与重构。“互联网+”背景下，教师应该以信息教育模式为导向，研究课堂教学之间各个要素之间的关系，从而实现教学内容与课堂活动的有效整合。例如，在学习英语单词时，教师可以提前整合英语知识内容，运用信息技术创新以往的教学模式与教育理念，为学生营造一个生态平衡的教学氛围，尊重学生，以学生的个性发展为导向，使学生能够积极主动地参与到课堂教学中，从而能够提升高校英语课堂教学质量。因此，在高校英语课堂教学中，教师运用“互联网+”将教学方法与教育理念整合，能够形成更好的教学方法，能够为学生营造一个网络化的生态教学环境，从而实现高校英语网络化生态课堂教学模式。

（二）构建生态课堂互动教学模式

互动教学模式是构建互联网高校英语生态课堂模式的重要形式，是实现高校英语网络化生态平衡的重要因素。“互联网+”背景下，教师可以运用信息技术将英语知识内容整合，运用“互联网+”向学生教授知识内容，学生也可以运用“互联网+”平台查阅相关的英语资料，从而拓展学生的英语知识面。生态学构建理论强调学生英语语言学习的自我整合与构建过程，在此过程中，学生能够对英语语言具有一定的认知，而“互联网+”是学生构建自我学习环境的必备条件。互动性、实践性是学习英语语言中必不可少的教育环节，而互动是学生英语语言输入的关键，在高校英语课堂教学中，互动教学模式可以通过较多的方法实现，例如，学生自主讨论、教师提问等，在讨论与提问中能够使师生之间共同完成教学任务，从而能够提高高校英语生态课堂教学质量。“互联网+”背景下，教师运用互联网构建的教学网站，能够为师生互动提供有利的条件，尤其，随着信息科技的进步，多样化的社交软件的生成，给学生互动学习模式提供多渠道沟通平台。多渠道的交流对象与途径，能够为学生学习英语知识提供较多的英语交际平台，在此过程中能够强化学生的口语能力与英语语言运用能力，从而提高学生的英语知识水平。学生英语交流环境的多样化，为学生学习英语知识提供了第二英语课堂，增强了师生之间的感情，从而使学生乐于学习英语知识内容。

“互联网+”背景下，生态化的英语互动教学模式不仅能够加深学生对英语知识的深入理解，提高学生的英语学习效率，同时使教师能够全面地掌握学生的学习情况，从而能够提升高校英语课堂教学质量。

（三）发挥教师引导作用，构建立体式的教材体系

高校英语教师作为课堂教学的引导者与组织者，在教学中，对学生学习英语知识内容，起到了监督与引导作用。“互联网+”背景下，教师引导作用的发挥，能够有效地构建生态化课堂教学模式。在教学中，教师对学生有效地引导，不仅能够提升学生的学习成绩，还能够提升高校英语课堂教学质量。“互联网+”背景下，教师对“互联网+”的运用，为学生学习英语知识内容提供了丰富的教学资源，教师在教学中应该充分运用“互联网+”提供的教学资源，采取有效的教学模式，带动学生学习的积极性，使学生参与到课堂教学中，拓展学生的知识面，从而提升高校英语课堂教学质量。例如，教师运用互联网资源，能够为学生开展多种评价方式，教师通过互联网平台随时了解学生的学习动态，为学生提供有效的引导与指导，使学生能够合理地调整学习计划。教师有效地引导学生，以问题为导向，启发学生的大脑，使学生能够更好地完成教学任务，从而实现高校英语网络化生态课堂教学模式。

综上所述，随着对生态学的研究，生态学的概念已经被引入到教育领域中，并取得一定的教育成效。生态学是研究生态系统功能与结构的学科内容，其强调生命的相互关系、相关联系、相互依存的联系，因此，“互联网+”背景下，高校英语教学应该积极运用信息技术构建生态课堂教学模式，为学生营造一个信息化的生态课堂教学氛围，使师生之间在讨论与提问中增加感情，使师生之间能够相互尊重、相互学习，从而提高高校英语教学质量。

第三节 “互联网+”背景下高校英语多维互动教学模式研究

一、研究背景

高校英语多维互动教学理论是以合作学习理论、人本主义理论、行为主义理论、建构主义理论、交际教学法等理论为基础而产生的。这些理论在实践中从不同角度、不同方面启示和指导着高校英语多维互动教学模式的产生、发展和完善，证明了多维互动教学的有效性，并在信息化技术手段的推动下日益丰富和多元化，使得国内外学者在外语多维互动教学模式方面取得了不少卓有成效的研究成果。①

我国外语学界也认识到“垄断式”的课堂讲授模式存在费时、低效的问题。在课堂教学中对人际交往功能重视不足，师生、生生间缺少应有的交流与互动，最终使得学生很少开口说英语，英语实际应用能力相对薄弱。根据中国知网文献显示，自2004年开始，国内二语习得研究者渐渐将关注点放在多维互动教学的理论研究上。林小平的《多媒体环境下的高校英语课堂多维互动》分析了多媒体环境下高校英语课堂缺乏互动性的原因，并提出了解决的方法，即加强多媒体课堂的多维互动；刘兆林的《多维互动与英语大班教学模式探讨》讨论了多维互动在大班教学中的重要性、必要性和可行性；卢艳华的《多维互动教学模式在英语教学中的应用》对课堂教学中的多维互动提出了初步的操作设想；刘玲的《高校英语多维互动教学模式的构建》提出要整合教育资源、利用课外活动、巧设合作小组等实施意见。

在国内前期偏向理论研究情况下，近几年，高校英语多维互动的研究渐渐转向实践研究与行动研究。如张俊英的博士论文《高校英语多维互动教学模式行动研究》以浙江工商大学的高校英语教学为例开展多维互动教学实践；张婧的硕士论文《高校英语多维互动教学模式实验研

①张丽华.“互联网+”背景下大学英语多维互动教学模式研究[J].黑河学院学报,2018,9(12):134-135.

究》以陕西学前师范学院的高校英语教学为对象开展实验研究。叶献玲的《三位一体多维互动英语听说课教学模式的探讨》证明了多维互动使输入与输出形成良性循环，能有效提高学生的英语听说能力，激发学生听说学习的兴趣，建立学生听说英语的自信心；刘艳艳的《基于移动学习平台的多维互动式教学在高职英语教学中的实践研究》中以教材《知行英语》主题五为例，阐述了多维互动式教学在高职英语教学中的方法应用实践，总结了实施效果。

二、学生需求的调查及分析

针对高校的学生英语学习情况，展开问卷调查，共计发放问卷1000份，经统计，其中976份为有效问卷。分析结果显示，67%的学生不满足于高职层次学历，有继续深造的打算；69.4%的学生不满足于英语三级B证书，希望获得高校英语四级证书；22%的学生希望获得高校英语六级证书；52%的学生认为英语课堂教学无法满足自己的英语需求；通过增加英语教学时长，53%的学生希望可以增加自己较为全面的人文素养，44%的学生希望有助于自己通过高校英语四六级考试；在具体的学习内容上，学生依次最希望增加口语训练（58.03%）、增加语法讲解与练习（58.03%）、增加单词讲解（57.44%）、增加音标讲解（46.78%）、增加听力训练（46.31%）、增加阅读理解训练（46.07%）、增加写作训练（43.38%）；对于英语课外学习方式，最受欢迎的是课外兴趣活动（58.5%）和课外在线课程（52.64%）；其中在前者课外兴趣活动中，学生最希望的形式前三是看英文电影（90.97%）、演唱英文歌曲（55.69%）和阅读英文中短篇小说（43.96%）；而关于后者英语在线课程网站，学生希望看到的内容依次是口语练习（61.66%）、听力练习（59.2%）、翻译练习（53.58%）、课文讲解（52.4%）、阅读训练（49.12%）、英语四级考试辅导（48.65%）、写作练习（44.43%）、英语三级B辅导（35.64%）和英美文化知识（30.48%）。

以上数据表明：目前的高校英语课堂教学对于大多数学生来说无法满足他们的知识需求，特别在英语口语、听力、语法和词汇量方面，需要大量的课外教学进行补充，同时这四个方面的教学需求证实了在高校英语中实施“互联网+”背景下多维互动教学模式的必要性。

三、构建理念

通过调研反映出来的问题，我们以建构主义和社会互动理论为基础，确立了“词汇、语法为基础，口语、听力为目标”的教学改革理念。在互联网高度发展的今天，充分利用英语学习网络平台、各类英语学习APP及即时交流工具，以真实或仿真的工作任务为教学切入点，实现教师、学生与互联网、课内与课外、线上与线下学习行为的多维互动。最终使学生在英语口语、听力、语法和词汇量等方面实现显著提高，并培养学生的英语综合能力、自主学习能力、协作能力。

四、多维互动教学模式架构

（一）教学内容

针对学生的需求，教学内容应在现在紧扣课本的基础上加以扩展。高校英语课程在学生在读的三年一共开设一个学期，共64学时，不管选用何种系列的教材也只能选用第一册。无论从教材的内容还是教学的时长来看，显然无法满足学生对于口语、听力，特别是通过高校英语口语考试的需求。因此，在教学时长固定的客观情况下，对教材中部分不贴近学生生活的内容进行删减，并增加适合学生进行知识建构的、方便学生开展互动学习、贴近学生生活、工作场景的内容就显得十分必要。除了教材，我们应该充分发挥互联网时代的资源优势，在建立校内在线课程网站的基础上，挖掘各类英语学习APP供学生在课堂内外使用。对于学生最需要的口语训练，我们可以向学生推荐“英语流利说”“掌中英语”等APP，对于所有学生都特别想提高却又很少能坚持做到的单词量积累，我们可以向学生推荐“百词斩”或“有道词典”等APP，对于语法知识可以介绍网络上的现有课程资源，对于听力训练我们可以介绍“每日英语听力”“VOA慢速英语”等APP。很多APP都带有手机训练提醒、评分、打卡等功能，非常有助于督促学生进行课外训练，帮助学生养成良好的英语学习习惯。同时这些功能也可以很好地运用于课堂教学，也便于学生自学后向教师反馈。

（二）教学方法

1.建立学习小组，培养协作能力

互动教学除了体现在传统的师生互动方面，也体现在生生互动方面。建立学习小组，实行同伴教育，不仅可以培养学生英语水平，还有助于培养学生的协作能力，形成良好的人际关系。同伴教育也叫同伴辅导，是一种常见于高等教育的学习形式。这种学习形式的历史可以追溯到古希腊时代。在古时，此方式被定义为由“学长”代替老师将学问、知识与技能传授给后学者。十多年来，同伴教育被引入到外语学习领域，很多学者也在此方面做了一定的探讨。Cohen认为，外语学习过程中的同伴教育就是“学习相同语言（具有相同或不同语言能力）的同伴定期组织的学习目的语的小组活动或辅导”。在这种活动中，语言能力强和语言能力弱的同学同时被邀参加，以使互助学习方式能够定期开展。完成课程学习的同学也可以参加“同伴辅导”活动，目的是保证其语言的流利度。从教育学的角度来看，老师的课堂教学、同伴辅导和学生自学构成学生学习模式的一个连续谱，即，学生自学—同伴辅导—教师课堂教学。事实上，在日常的教学中，我们更加关注的是教师的课堂教学，其次是学生自学，却往往忽视了在教师教学和学生学习中都起着重要作用的“同伴辅导”。在学习遇到疑惑时，由于学生间朝夕相处所形成的天然的亲密关系和较为贴近的心理距离，会使学生更倾向于寻求同伴辅导，这对提问学生来说是一种相对便捷、没有心理压力、随时可以获得的知识获取途径。而且与教师解答相比，同伴对问题的解答会更从学生的角度出发，更容易发现与理解问题的根源所在，这一优势是师生交流很难达到的。

在完成特定学习任务时，小组学习也有其独特优势。首先，小组成员会对学习任务进行分解，各自分工完成后再整合研究成果。这一过程无疑培养了学生的协作能力。同时，由于整合研究成果这一环节的存在，使得有拖延习惯的同学或者本不打算完成学习任务的同学出于“不

想影响小组成绩”“不想被其他组员碎碎念或批评”“不想被当作没用的人”“不想以后小组工作时没人要”等理由而不得不尽力完成自己的分内工作。从这个角度来说，学习小组对于提高学生的主体意识、促进学生的执行力、责任心和自尊心有着独特的作用，这也促进了学生综合素质的发展。

2. 创设具体情境，进行建构主义教学

建构主义教学观认为，知识不是通过教师传授得到，而是学生在一定的情境即社会文化背景下，借助其他人（包括教师和学习伙伴）的帮助，利用必要的学习资料，通过意义建构的方式而获得。建构主义强调以“学生”为中心，认为学习不是由教师向学生进行简单的知识传递，而是学生个体进行自我知识建构的过程。“情境”“协作”“会话”和“意义建构”是学习环境的四大要素。学生在具体的情境下，通过协作与会话解决问题，而解决问题的过程也就是新的知识逐渐内化到学生原有知识体系中去的过程。新的知识通过问题的解决转变成学生已有知识经验的一部分，同时也会通过顺应机制对学生原有的认知结构产生一定影响。只有让学生解决真实生活工作中会遇到的难题，才可以充分调动学生的积极性，迫切寻找知识，才能让学习变得高效，也使学生有可以靠自己能力解决问题的成就感。因此，最有利于学生获得新知识的情境应该是真实情境或基于真实情境的适当改编，而不应该是脱离现实的虚构的场景。

3. 充分利用互联网，进行翻转课堂与任务型教学

从学生调研来看，英语口语、听力、语法和词汇量是学生关注的四大重点，但是想要在有限的课堂教学里把这四大块统统完成显然是不可能的，也是不科学的。但是通过互联网手段，挖掘学生的课外时间，通过在线课程及各类英语教辅APP来完成上述目标却是行之有效的。在课堂教学前，教师可以根据具体教学内容向学生发布课前任务，如让学生自主观看微课，了解基础性内容；让学习小组针对某一问题进行背景调查或拟定解决方案，制作PPT准备课上展示；让学生通过APP完成单词的背诵并打卡至班级群，或者通过APP进行听力训练与口语训练，将完成截图或分数发送至班级群等。互联网使得各类信息化手段得以在英语学习中发挥作用，充分利用了学生的课外时间，激发学生自主学习潜能。在课上，学生将通过英语口语汇报、Presentation、小组角色表演等活动充分展示自己的以充足词汇量和正确语法为基础的口语表达，观看的学生也以此为契机学习知识并训练听力能力，通过对展示内容的点评实现师生互动与学生间的互动。

课后，教师可以继续给学生布置任务，借鉴课堂上教师的点评指导与其他同学的建议对原有作品进行改善，并将最终成果上传至课程平台，供班级其他同学学习参考。

（三）评价方式

1.形成性评价与终结性评价相结合

创新的教学模式对应需要创新的评价方式。在传统的期末考卷定分数的终结性评价的基础上，大幅度提高形成性评价的比例对激发学生平时的学习积极性、增强学生的真实语言应用能力大有裨益。由于互联网技术的发展，多维互动教学的各个环节都可以被记录，这为形成性评价提供了便利的技术手段。评价的内容不仅仅是期末的一张试卷，平时学生上传到课程网站的作品、单词背诵的打卡记录、听力训练的分数、观看各类微课和网站其他教学资源的时长和课堂表现等都应被纳入评价范围。评价的主体也不再限于教师、学生自评，学生间互评都可以成为最终评价的一部分。

2.重视教学评价的反拨效应

语言测试的反拨效应指“语言测试对教学和学习的影响效应”。语言测试“自然会对教学产生影响，即产生反拨作用。反拨作用有正面的，也有负面的”。在online offline的多维互动英语教学模式下，形成性评价中各种数据的获取变得相对容易，教师和学生都频繁地能看到大量的教学反馈数据，由此产生的反拨效应的频次和效果也会比传统课堂教学要明显有效得多。但我们要注意到，反拨效应不一定都是正面的，当反馈数据指示出积极的反拨效应时，教师要及时提出表扬；当反馈数据可能对学生产生消极的反拨效应时，教师应及时对学生展开原因分析，指出改进方法并积极鼓励学生，引导学生看到自己已经取得的成绩，以积极的心态面对自己的数据。

在互联网已经充分发展的今天，各种科技手段的运用对外语教学产生了深远的影响。高校英语多维互动教学充分利用各种网络资源、手段，实行线上—线下、课内—课外、师生—生生—生网的互动教学模式，极大地拓展了英语学习的时间空间，促进了学生的英语综合能力、自主学习能力、人际交往能力的发展。

第四节 “互联网+”背景下高校英语教学的改革与创新

随着教育机制的不断发展与创新，高校英语这一重点学科已出现了形式多样的教学模式与教学观念。比如，现代教学技术与英语课堂相结合的微课、英语翻转课堂、慕课等教学技术已成为英语教学的热门应用与技术。这些应用与技术是在信息时代对英语教学模式进行全面的改革与创新。然而，这一趋势的出现，对于传统的教学模式、观念、方法、形式而言，都将是巨大的挑战。在当前高校英语课时减少与学分缩减的情况下，高校英语教学的改革应认识到网络信息的重要性，提升网络技术在课程教学中的地位，并将网络信息技术与高校英语课程两者全面结合，提升英语教学质量。①

一、“互联网+”对于高校英语教学的影响

（一）可以使教学模式不断创新

“互联网+”在一定程度上改变了高校英语教学中教师单方面向学生进行英语知识传授的方式。与传统的教学相比，教师不再居于整个课程的主体地位。此外，形式多样的教学也逐渐被高校教师所应用与推广。以往学生对于英语知识的获取基本上是通过课本与课堂，然而随着网络

①邓琳．“互联网+”时代背景下大学英语教学改革对策探究[J]．长治学院学报，2022，39(03)：112-115.

的应用与普及，学生可以通过多种渠道进行英语知识的获取与学习。因此，伴随着“互联网+”的发展，高校英语的教学模式也得到了一定的发展。

（二）可以改变学生学习英语的方式

在“互联网+”这一时代背景下，互联网技术在英语教学中的大力发展与应用不仅让高校英语课堂拥有双向传播知识的能力，也让学生可以通过互联网进行自主学习与探究。通过运用“互联网+”使学生拥有更为广泛的学习渠道，拥有更多的选择。此外，在“互联网+”背景下，学生与老师之间可以形成互动，教师可以运用“互联网+”对学生的学习效果与进展进行了解，对于学生而言，也可以运用这一技术对教师提出自己在英语学习过程中的疑点与难点，进而提高学生的学习效率。

（三）可以改变传统教师的角色

随着“互联网+”在英语课堂教学中的广泛应用，高校英语教师在课堂上的主导地位逐渐发生了变化，由最初的主导者逐渐转变为英语教学的助推者与引导者。英语课程的教学应顺应互联网技术的发展，教师要对这一技术资源进行高效的应用。运用这一资源为学生提供丰富的知识，并对学生在学习过程中的错误进行纠正与引导，从而达到教学的目标。

二、“互联网+”背景下，高校英语教学改革与创新的必要性

随着教育的不断改革与创新，英语课程的教学越来越受到大众的关注，面对着这一全新的教育趋势，全面地改革英语教学模式已成为教学发展的重点内容。为了使学生拥有良好的英语听说读写译能力，满足招聘单位对学生英语能力的需求，英语教学的改革为其提供了有力的保障。众所周知，任何课程的改革都是一项浩大的工程，它是一套完备的体系，需要不断地对每个过程与细节进行不断的摸索与考察，逐步进行改正与完善。

此外，“互联网+”这一技术，对于英语教学的改革与创新，无论从内容上还是实践性上，都为其提供了有利的资源。为高校英语课程的教

学创造了良好的发展空间。因此，对于高校英语教学的改革与创新，全面地应用互联网技术已成为其发展的主要路径。在当前教学形式中，我国高校英语教学主要包含两种基本的形式。一种是公共英语课程，也就是没有特定领域限制的英语内容。这一课程的开设为学生在今后的就业中提供有效的保障。而另一种形式的英语为专业英语课程，也就是与所学专业对口的英语，通过这一形式来进行有针对性的培养。

随着社会教育机制的不断改革与深入，在对国家经济进行全面建设的同时，人们也逐渐意识到了人才的培养对于民族乃至整个国家发展的重要性。因此，高校英语课程的教学任务也越来越重，高校只有培养出专业的英语人才，才能被社会所需，才能为国家的发展做出贡献。因此，在“互联网+”时代背景下，高校英语教学的改革与创新也势在必行。

三、“互联网+”背景下高校英语教学的创新

随着国家对于教育教学的重视与关注，人们对于高校教育质量也逐渐重视起来。因此，对于高校教学模式的创新与改革也提出了一些新的要求。将网络技术应用于英语教学当中，其优势主要体现在以下几个方面。

（一）从学生的角度进行分析

当前部分高校的英语课堂教学中一些老师年龄较大，受传统教学方式的影响，依旧运用较为传统的教学模式。在英语课堂上，教师处于整个课程的主导地位，而学生处于被动地位，因此，学生的主动性较差，学习能力较低，这一教学模式在很大程度上制约了学生的个性化发展。然而，在这一全新的“互联网+”背景下，可以将教学资源全面开放，可使教学内容多样化，在为学生提供优质教学资源的同时，也为学生与教师进行学术上的沟通与探讨提供了有效的、便捷的资源。作为可移动的教学模式，为原本仅限于课堂的教学提供了更为宽泛的平台。

（二）从教师的角度进行分析

目前，部分高校的英语教学依旧频繁地使用课件。因此，对于高校

英语教学的改革与创新可以以高校英语教师为目标进行展开。因为教师在整个教学中既是知识的传授者，又是新兴教学模式的使用者。因此，以教师为首要目标进行展开，可以确保教学改革与创新任务的全面落实。这一改革的首要基础也是提升教师的创新能力与意识，进而完成规划的教学目标。

（三）利用新型的技术使教学资源达到共享

随着互联网技术的大力发展，教学模式也不断扩大，可以充分运用这些技术，通过大型互联网平台实现英语课程资源的共享，形成开放式的英语学习环境。此外，高校英语教师还可以进行研发或者借助于一些英语APP，让学生下载并进行使用。以这样的方式，在提高学生学习兴趣的同时，还可以提高英语课堂教学氛围，从而在一定程度上达到事半功倍的教学效果。

（四）利用通信软件进行线上教学与指导

“互联网+”的背景下，众多的电子移动设备脱颖而出。高校英语教师要认识到这些技术的优势，并对其展开适当的应用。教师可以利用如今普遍使用的通信软件，比如，微信、QQ中的群聊对学生开展在线授课，可以通过一对一或者一对多的形式展开英语的教学，使英语的学习无处不在。一方面可以对学生的疑难问题进行答疑解惑；另一方面，通过这样的方式，还可增强学生与老师之间的情感。利用这一授课方式在形式上顺应了时代教学的创新，使教育教学具有较强的实用性与针对性。

（五）教师应重视教学课程的设计

对于任何课程的教学而言，课堂内容的设置对课程教学的效果有着至关重要的作用。它直接决定着教学目标的成败。因此，高校英语教师要全面认识到这一点，根据不同学生的特点，对课程进行合理科学的设置。并对课程前、后进行最大限度的优化，实现改革与创新。互联网技术的来临与发展，为高校英语课程的教学带来了新的发展机遇。相关实践表明，较为传统的教育理念与形式已与当前社会的发展脱节。因此，将网络信息技术与英语课堂两者有效地结合已成为教育改革与创新的主体。高校应认识到互联网技术在英语教学中的重要性，并进行不断的实践与创新，进而形成创新式的教学模式，确保高校英语课程教学目标的实现。

总之，在这一全新的“互联网+”的时代发展背景下，高校英语的教师理念与教学模式面临着巨大的挑战，这一时代也是高校英语教学模式转变的最佳时机。教师要牢牢地把握这一时机，充分利用现代的互联网技术，对以往的教学模式进行全面的改革与创新，进而顺应时代的发展，不断地提高自身的教学素养。利用形式多元化的教学平台进行课程的讲授，丰富英语课堂教学，提高英语课程的教学水平。在提高学生自主学习能力的同时，还可满足其多样化发展的需求。

四、“互联网+”背景下高校英语教师的自我效能研究

数字科技的稳步发展为互联网构建奠定了坚实基础，互联网络的影响力与影响范围逐步扩大，不仅提升了社会工作的办事效率，并为经济发展、文化交流及技术推广提供了科学渠道。因此，互联网时代为现代教育体系在培育高校教师方面注入了全新的思维理念，不再只关注教师教育能力的提升效果，而是逐步意识到心理培养对高校教师能力发挥的作用。培育高校教师的自我效能意识，确保其有效发挥自我效能，提升教育自信心，成为教育优化改革注重的关键。因此，本节以互联网络时代这一背景为基础前提，着眼于高校英语教师群体，探究自我效能于其教育生涯中的影响作用，进而构筑自我效能提升方案，确保高校英语教师建立良好的自我效能体系。

（一）教师自我效能的定性

互联网时代背景下，明确自我效能对教师的影响是针对自我效能进行科学定性的前提。自我效能的具体含义，主要指人类在某一环境中通过认知自身能力，对所从事工作进行效果预判的行为。自我效能在很大程度上具备主观性，是人类对自身能力的理解，以及对自身行为所达成效果的认知。因此，浅易了解自我效能，即人类在从事某领域工作中，

确保目标达成的心理暗示，即俗称的“我能行”意识。

目前，将自我效能的理解定性为“积极心理学”的一种并不过分。早在20世纪70年代，美国斯坦福高校教授阿尔伯特·班杜拉首次提出这一概念，随后便逐步被应用到医疗、保健、管理及社会发展的各个领域。可以说，自我效能的确定可以行之有效地鼓舞人类发展，并为人类社会逐步完善奠定坚实的基础。正基于此，针对数字技术支持的互联网时代下高校教育体系优化而言，在教育体系中充分融入自我效能，不仅对学生学习能力提升有十分重要的帮助，对教育者教育能力优化亦能起到良好的效果。因此，着眼于高校英语教育领域，确保英语教师自我效能的构建，是现代高校教育发展的当务之急。

（二）互联网时代下自我效能对高校英语教师的影响

在科学定性自我效能的基础上，明确自我效能对高校英语教师的影响及作用，行之有效地构建互联网时代下教师自我效能提升体系。

1.激发英语教师成功动机

在高校教育中，英语教师的自我效能表现在其教学活动中，根据以往的教学经验及教学成果，判定与认知自身教育对学生学习成绩的影响作用，并以此来明确教育开展是否能完成教学最终目标，这便是英语教师的自身效能。目前，在数字化、网络化的基础环境下，教学反馈方式越发多元化，教学交流速度也与日俱增，教师了解学生知识掌握情况的渠道逐步丰富，借由学生知识掌握情况的信息了解进行自我效能构建十分方便。因此，在明确自我效能的情况下，教师在教学上表现的状态存在着翻天覆地的变化。若其认定自身教育效果具有成效，便能更为积极主动地开展教学，并不遗余力地投入到教育工作之中。反之，若其发觉自身效能无法改变学生现状，其教育积极性将大幅降低，对学生的投入也会减少。由此可见，有效利用自我效能，确保教师获得教育自信，才能保证英语教学开展趋于成功，并推动英语教师身心成长。

2.确保英语教学有效实施

自我效能不仅能激发英语教师的成功动机，其在推动英语教学有效实施上也有至关重要的影响。众所周知，在科技高速发展、人们生活水平日渐提升的现如今，世界一体化推动中国经济稳步发展，中国市场对国际化人才的需求量也日渐增加。在此前提下，英语教学有效实施对高校人才培养而言意义重大。目前，在国际化人才培养过程中，英语教师的语言培育作用不容忽视，确定英语教育在教育体系中的重要作用，预判英语教育成果对社会发展的推动作用，将能促使英语教师不断完善自己，不断发展自己，在提升英语教育水平的同时，增进自身引导能力，为现代教育人才培育奉献力量。借由自我效能体系的分析，充分引导英语教师明确自身价值，肯定自身能力，并预判能力应用对未来社会发展的有效作用，将会在英语教学活动中发挥巨大作用。

3.保证英语教师身心健康

自我效能不仅对高校英语教师成功动机及教学实施有巨大影响作用，其在构建英语教师身心健康上也会产生实质性影响。“自我效能”提出者班杜拉在论证“自我效能”时表示，自我效能对引导人类身心健康发展具有实质性作用。作为积极心理学中重要的组成部分，自我效能可以在肯定自身能力、认可自身价值上起到良好的效果。因此，建立英语教师良好的自信心，确保其自我效能判定始终保持在积极状态，可促使其更加热爱工作，更加投身于教育事业，并能认清自身价值，从理性、客观、科学的角度完成教育工作，不因盲目且急功近利而导致教学效果丧失。总体来说，自我效能的有效建立会促使英语教师的教学积极性提升，教学自信心增加，这对于英语教学发展和英语教师身心健康而言，都是极为积极的影响。

（三）互联网时代下高校英语教师自我效能培养方案

定性自我效能的基础上，明确自我效能对高校英语教师的影响作用后，如何构建高校英语教师自我效能培养方案，成为现代教育体系优化发展的关键。对此，结合互联网络这一时代背景，考虑基于数字技术的教师培养策略，从以下几方面出发，打造良好的自我效能培育方案，能科学引导高校英语教师自我效能形成，促进其积极有效投入英语教学工作之中。

1.数字再教育平台提升教师综合水平

互联网时代下高校英语教师自我效能培育的方案之一，是根据数字网络特征，构筑再教育平台，利用综合性素质培育手段，提升教师综合水平，从能力提升视角出发，激发教师自豪感、认同感与自信心，以便其在自我效能判定时可得出积极科学的结果。目前，经过长时间摸索实践，数字再教育平台的构建逐步多元。具体来说，其囊括种类包括“微课”“慕课”“再教育交流平台”。高校英语教师若想保证自身综合水平提升，能紧跟与时俱进的发展态势，不断完善与优化自身能力，利用“微课”“慕课”等学习材料充实自身的教育能力至关重要。在日常课余时间内，选取适合“微课”进行学习，以此来尽快掌握与吸收先进知识点，不仅能提升其教育水平，而且能促使其发觉“微课”魅力，并在今后教学中利用“微课”，提升教学效果；同时注重再教育交流平台构建，互联网络不仅能为教育者提供良好的教育资源，同时亦可提供给教育者良好的交流平台，在此类交流平台上，教育者不仅可跟同行业教育者交流经验，总结教育利弊，同时亦可向专家学者询问存在难题，并提出自身困惑来询问论坛其他参与者解答。可以说，借助网络交流平台的探讨与研究，教育者将进一步优化自身教育能力，科学提升教育水平，进而提升教学自信，确保自我效能评估积极准确。

2.互动体系基础上教学优化方案构建

互联网络不仅能营造良好的能力提升氛围，其在打造互动体系上也能起到良好效果，借助互联网络的交互性与即时性，英语教师能第一时间掌握学生的学习效果，并对学习效果反馈出的教学缺失进行掌握。这在一定程度上对英语教师的培养方案构成影响，但在英语教师不断提升自身能力水平的前提下，则能很好地实现教学反思体系的构建。也就是说，利用互动体系的反馈内容，英语教师可构建教学反思方案，对比教学效果与预期效果之间存在的差异性，从而总结自身欠缺素养，在不断精进自己的前提下，借由教学效果达成预期部分来树立教育自信，提升学习动力。

此外，借助互动体系构建，英语教师与高校生之间将形成良好的互动关系，并在彼此交流与互动中相互配合、相互依赖。高校生将产生对教师的信任感与崇拜感，而教师则会形成对高校生的责任感与教育感，二者充分互动，将提升英语教育效果，并为英语教学优化奠定坚实的基础。

总体来说，利用互动体系来构建教学优化方案，注重教学，反思的同时建立起师生的良好关系，以此来保证教师在运用自我效能时更能为学生考虑，从而奠定迎合社会发展、学生发展的科学方法。不仅保证了教育教学效果，而且提升了教师教育自信。

科学认清自我效能的影响作用，明确其在成功动机激发、英语教学实施及英语教师心理培育上的影响作用，并基于互联网时代背景，保证教师培训科学，教育方案优化，以此来构筑良好的教育基础环境，不仅行之有效地培育符合社会发展的国际化人才，同时亦能培育出身心健康、教育能力卓越的教育工作者。

第五节 “互联网+”背景下高校英语教学的有效性研究

信息技术辅助英语教学通过课程综合改革进入课堂教学，飞速发展。信息技术与英语教学的整合从本质上改变了高校英语教学的本质，所以，仅包括教师、课本和学生的传统教学模式受到极大的挑战。高校英语教学研究的重心逐渐转移到新的教学模式，即信息技术和传统课堂教学的结合。换句话说，信息技术已经在如今以互联网为基础的高校英语教学课堂中起着至关重要的作用。①

在教育部公布的有关规定中，基于计算机和课堂的高校英语教学模式被明确提出。作为一种新的教学模式，“互联网+”背景下的高校英语

①彭新竹.“互联网+”背景下大学英语教学的有效性研究[J].吉林省教育学院学报，2017,33(06):46-48.

教学在教学的许多成分，如教学理念、方法和模式等方面发生了巨大变革。课堂教学作为教学过程中的核心部分，起着至关重要的作用。影响教学的因素包括学生、教师和教学环境。“互联网+”背景下的高校英语教学就是把现代技术应用于教学，而教学和技术最完美的结合是技术环境和教学客体(教师和学生)的结合。无疑，在教学改革过程中教学成分的变化已经引发教师、学生和教学环境之间的不协调。所以，分析和研究这些不协调来构建高校英语课堂教学有效性的可适用框架已成为亟待解决的问题。

互联网时代、大数据时代，数据信息逐渐取代原有稀缺资源，知识的增长远远超出人类认知能力的提升，互联网大踏步地走进高校生的日常生活，改变着高校生的生活和学习方式。利用和使用互联网成为他们的思维方式，这种思维方式决定了学生未来生活的行为方式、未来发展及未来发展的广度、深度和高度。因而我们教师不能再故步自封，要用心聆听技术时代变革的声音——“互联网+”。

随着互联网的快速发展，““互联网+”教育”产生了深刻的变革。““互联网+”高校英语”也从根本上改变了高校英语课堂教学的本质，使其从传统课堂走向了“互联网+”背景下的高校英语课堂。与此同时，针对如何改善、提高高校英语课堂教学有效性的诸多研究成果涌现出来，且颇为丰富。而互联网也不可避免地吸引着、影响着高校师生对高校英语课堂教学的关注度及改革践行度，在“互联网+”背景下，高校英语课堂教学有效性对人才培养以及教育能力的提高起到至关重要的作用。因此如何真正实现并提高“互联网+”背景下高校英语课堂教学的有效性，成为当前亟须解决的问题。在高校英语教学改革历程中，“互联网+”背景下的高校英语教学作为一种全新的教学形式为教学带来很多，但同时也给教学理念、教学方法、教学模式等带来了巨大的冲击，在学生、教师和环境层面都出现了一些问题。因此，通过问卷调查的方式来探讨这些失调问题，在教育生态学理论的指导下优化高校英语课堂教学，实现有效的“互联网+”背景下的高校英语课堂教学。

摒弃传统高校英语课堂教学中的偏见与误区，重新审视“互联网+”背景下高校英语课堂教学的目标与模式，适应英语的时代化和社会化需求。欲通过问卷调查的方式，了解高校英语课堂教学有效性得不到切实提高和有效应用的深层原因，对其产生的问题进行深刻分析，并在此基础上提出一些切实可行的解决策略。以期改善提高当今“互联网+”背景下的高校英语课堂教学有效性，同时为高校英语教学改革提供一些积极有效的建议和措施。

一、高校英语教学的无效性与有效性

杨慧中教授多次做过专题报告和撰写论文，分析了什么是有效教学和无效教学，列举了很多英语有效教学和无效教学的现象，深入分析了造成无效教学的原因，阐述了有效教学的特点。杨慧中教授在谈到什么是无效教学时特别指出语言测试会影响有效教学，应试教育就是典型的无效教学。他认为目前很多教材的编排也是以应试教育为主线的。

教材选择为学生量身定做，教材难度既能让学生因听得懂有兴趣也要具备一定挑战高度。课程设计时对于教学目标和教学难点与重点设置清晰而合理，能由导入很快进入课程主题，课程设计项目一环扣一环，循序渐进，能根据学生特点有序设计教学环节，语言知识训练与学生语言技能相结合。

教学实施中要有开门见山的热身导入，要有重点而详细的语言训练，重视预构成语模块的教与学，各类课程要侧重点不同，课外作业充分注重学生动手动口能力培养，培养学生严谨的思辨能力。

执教课堂的英语教师的教学能力将成为实施有效教学的重要环节，深厚的语言学理论素养，跨语言学、教育学和跨文化交际等学科整合能力，能否具备创设课堂良好互动氛围的能力，教师是否具有勇于创新积极进取的意识等都将成为有效教学的制约因素。

如何实现有效教学确实值得我们去思考，而检测英语教学是否有效最终要落实到学生是否在有效学习，与学生英语应用能力是否提高相联系，英语教学的有效性和学生英语能力的提高之间的关系是个自然的逻辑，当然英语教学的有效性和学生英语应用能力的提高都应放在信息技术日新月异、发展“互联网+”的大背景下进行研究和探索。

采用定性研究方式，对非英语专业高校生进行问卷调查，运用实证研究来探讨“互联网+”背景下高校英语课堂教学的有效性，并对其研究过程中所遇的问题进行分析。针对郑州高校西亚斯国际学院在“互联网+”背景下高校英语课堂教学的改革实际，通过问卷调查、实地考察以及课堂观察等方式，了解西亚斯在“互联网+”背景下高校英语课堂教学的实际情况，从学生、教师和教学环境三个方面总结“互联网+”背景下高校英语课堂教学所出现的问题，找出影响实现“互联网+”背景下高校英语课堂教学有效性的制约因素。

通过对西亚斯的实证研究，发现西亚斯在开放的网络平台安装了思开和泛雅两个教学管理平台。。学生可以进行高校英语测试与训练，并通过新视野高校英语网络辅助自主学习平台进行自主学习。成功登录批改网以后，高校英语教师可以为学生布置作文和翻译。以上说明本校还是相当重视信息技术的重要作用，但还是发现在“互联网+”背景下的高校英语课堂教学过程中，学生、教师和教学环境三个层面都存在一定的问题：①学生方面的问题主要包括：学生自主学习能力比较弱；对互联网的信息缺乏甄别；自主学习没有达到应有的效果；②教师方面的问题包括：高校英语教师的教学理念和实际的教学过程不符合；教师对互联网信息的认识与所了解的知识不匹配；教师在课堂教学过程中所使用的教学方法与“互联网+”背景下的信息技术不协调；③教学环境方面的问题包括：高校英语网络教学硬件环境不达标；教师和学生并没有充分利用网络教学资源，缺乏针对不同学生的网络个性化教学资源，网络教学平台不够智能等。

二、“互联网+”背景下高校英语有效教学教什么

“互联网+”背景下高校英语教学内容体系已由单一的“通用英语”向“通用英语+”型转变。个人、社会领域使用的英语统称为通用英语，基础英语是相对于高级英语而命名的，区分基础与高级英语的主要因素

是语言的难易程度。高校英语通用与专门用途这两类英语主要是使用的领域和使用目的不同，而英语国际交流是全方位的、多维度的，单靠通用或专门用途英语都难以顺利完成，故而高校英语教学内容体系中增加了跨文化交际教育的内容。跨文化交际教育通过“文化之旅”体验拓展学生文化视野，增加课外阅读量，为学生英语应用能力和水平的提升提供保障。应对高校英语课程体系内容结构的改变则是要落实到如何有效改进我们的教学，让我们的教学富有意义，高校英语教学要更有成效则需要推行“互联网+”的教学模式，推动共享优质资源，不断地走向“互联网+”的融合和整合，激发学生兴趣、潜力和潜能。

(一)有效教学教什么

探讨高校英语教学的有效性，归根结底就是要讨论高校英语课堂教师到底教什么?课堂内师生要做些什么?很多人觉得这个问题太简单，英语课堂不就是解释和分析语言难点、句型操练、语言训练等教学行为吗?但是诸多调查研究统计学生对这些课堂操练兴趣不大，很多学生觉得上课内容单调、教学方法陈旧。

杜威说过：如果我们还像昨天一样教今天的儿童，我们将会剥夺儿童的未来。现在我们面临的高校生是“00后”，网络就是他们的生活，计算机时刻主宰着他们的生活。因而实施有效英语教学就是要改变教学行为实施的环境，改变英语课堂的教学行为。让英语课堂成为师生“相互合作和相互支持的场所”，师生之间，生生之间提供必要支持的场所，学生积极主动参与的场所，多种课堂学习活动呈现的场所。有效教学的英语课堂是学生追求学习目标、解决实际问题的环境。

英语课堂上应该努力做的事情包括：第一，没有教师在场或周围没有其他学生时，学生自己无法完成的活动。第二，在教师的指导或其他学生的帮助下，完成效果更好的活动，如理解长句和难句、理解课文的隐含意义。第三，学习和讨论学生自己意识不到的有关内容，如课文特殊的写作方式、语言的特殊意义。第四，尽量设计互动型的课堂教学活动，如分享知识与经验、讨论观点、解决问题、表达观点和态度。

（二）“互联网+”背景下“教师教什么”转变为“学生学什么”

我们教育的对象出生和生长在技术系统中，技术让他们学会处理更复杂的事情，技术延伸了他们的大脑，信息技术处理改变着他们的思维方式，能借助于电脑来学习，借助电脑解决问题，借助电脑来自我完善知识结构。“互联网+”进入高校英语教学领域，改变着传统课堂，将传统课堂的“教师教什么”转变为利用技术环境“学生学什么”，推动着教学更快地发展。“互联网+”背景下的高校英语教学不是教师“教什么”而是学生以各种方式各种渠道“学什么”，如学生在接受中学、做中学、联系中学、重构中学、反思中学、交流中学、教中学、创造中学以及比较中学。“互联网+”背景下的高校英语有效教学变为学生注重国际和全球交流学习，注重英语知识获取由认知传递到认知建构的学习，且师生角色是开放的、同伴互动的、教学相长的学习。更关键的是“互联网+”背景下学生学习的英语内容和来源结构开放，师生共建英语课程。

内容是随着教学进程的发展和渐进生成的、进化的，不是预设的，“互联网+”背景下的英语课程内容不仅是资源，而且演变为学习内容、学习活动、学习工具三者的深度融合。

三、“互联网+”背景下高校英语有效教学怎样教

“互联网+”背景给高校英语教学带来了巨大变化，如教材电子化、教学资源丰富化、练习和测试批改自动化等，应对“互联网+”背景带来的巨大变化，高校英语有效教学需要构建网络教学与面授教学有机结合、互相取长补短、优化教学效果的教学革新，发挥传统课堂和“互联网+”的整合优势，挖掘各自潜能，需要建立基于“慕课、私慕课、翻转课堂”的混合式教学模式。基于“慕课、私慕课、翻转课堂”的混合式教学模式，充分利用微课解决课程的疑难重点为核心制作的短小视频、慕课和私慕课提供的资源平台、翻转课堂的有序教学设计三者的整合能有效地推动高校英语有效教学。

混合式教学具有小班面授、个性化辅导、优秀教学资源共享、自动评分和评价的优势，因而高校英语混合式教学需要充分利用网上优质教育资源，促进技术与课程深度融合。比如借助优秀的“爱课程(icourse)”“中国教师教育MOOC”频道推出的系列线上课程和“ismart”外语智能学习平台，借助提供的资源超市，实现课堂教学与在线学习的融合。课程教学活动流程设计为录制微视频，观看微视频；创建学习元单元，浏览学习元单元；设计学习活动，完成活动任务；设计评价方案，获取评价反馈等方式。

在教育生态学理论的指导下，学习很多国内外学者的研究成果。经过实证研究，发现提高高校英语课堂教学有效性的途径包括：教师教学能力的提高、学生自主学习能力的提高，建立生态平衡的课堂教学环境。只有这样，才能改善优化高校英语课堂教学效果。

国家教育纲要中提出，学生应该提高运用信息技术来分析解决问题的能力，并学会利用信息手段进行自主学习。学生应该能够在课下更加合理地利用互联网给他们带来的便利。在“互联网+”的背景下，学生自主学习高校英语能够更有效地使学生所学技能与社会所需技能相联系，实现教育的国际化、多元化及就业市场需求，使高校生在社会上具有更强的竞争力。

为加快教育信息化进程，必须强化信息技术在教学中的应用，教师应提高信息技术应用水平，更新教学观念，改进教学方法。对“互联网+”背景下高校英语课堂教学有效性这一基本问题的理性回归与思考，能够帮助教师在教学方面、学生在习得方面取得更好的效果，真正做到与社会需求相接轨、以学生为中心、以实用为目标。本节所做的实证研究方法可为其他类型教学理论和教学方法的研究带来新的启示，为高等院校的同仁对“互联网+”背景下高校英语课堂教学能力的培养与提高提供一个新的交流视角与平台，引起更多教育同仁的关注，共同致力于高校英语课堂教学的有效输入与输出。

四、“互联网+”背景下高校英语有效教学谁来教

“互联网+”背景下高校英语有效教学谁来教?当然是教师来教，教师的发展对实施和推动高校英语有效教学提供了保障。

教师专业发展指“教师个体的、内在的专业化提高”。高校英语教学需要教师具有比较宽泛的语言、文化(比较文化、跨文化)、翻译、教育等领域方面的知识结构，需要教师关注国际、国内的动态，关注国家、学校的需求，具备实践意识、学术意识、终身学习意识、积极追寻自我发展的意识等。教师的教学发展，是指教师教学能力的发展和提高。大多数教师都认识到“教学能力”是具备语言教师资格的一个最基本条件，是教师实施课堂教学的基本能力。教师的教学能力需要有教育课程理论指导，需要经验的积累、时间的沉淀才能逐步形成，是教师逐渐走向成熟、形成个人教学风格的过程。在这个教学发展过程中，教师要牢固树立“教学相长，研究学生”“教研相长，研究教学”的教学理念和意识，运用互联网信息技术手段辅助教学，做教学的探索者和奋斗者。

教师的个人发展，是指个体社会化和个性化的发展，个体为了适应社会而接受教育，接受社会文化，进而促进教师职业、个人品格、创新能力、教师素养等方面发展。面对“互联网+”背景，教师要勇于接受新事物，与时俱进，牢固树立终身学习理念，勇于开拓进取，通过不断阅读新知识，积极思考和写作来促进个人成功，寻找和营造个人成就感和幸福感。教师的组织发展，教师发展需要依靠学校、院系等主要组织发展平台，组织发展可以优化教师队伍结构，从整体上提高高校英语教师队伍的实力。教师要多关注组织提供的项目、竞赛、培训与出版政策，组织发展是保障，学校和院系是教师发展的主要平台。

现在大多数高校英语课堂仍以传统教学模式为中心，学生在课堂教学中很被动，学生的自主性得不到发挥，难以实现学生英语综合应用能力的培养。另一方面，随着多媒体、互联网更为广泛的应用，英语学习网站成为与传统英语课堂教学互补的教学模式，对英语学生英语语言能力提高的辅助作用日益增大，但却不能完全替代教师的课堂教学。单纯依赖网络教学仍然难以达到理想的学习效果，而生态平衡的教学模式将两者的优势有机结合。生态化课堂教学模式就是面对面的课堂教学和互联网教学两种学习方式的有机整合。生态平衡课堂教学模式的目的在于融合课堂教学和网络教学的优势，综合采用以教师讲授为主的集体教学形式，基于“合作”理念的小组教学形式和以自主活动学习为主的教学形式。

综上所述，在已有的高校英语课堂教学有效性的研究基础之上，对“互联网+”所带来的变革进行整体解析，着重了解“互联网+”背景下高校非英语专业高校英语课堂教学的现状，包括教师教学、学生学习以及教学环境三大方面，在调查研究的基础上分析、归类各种问题，并提出相应解决方案和措施，以期进行多方面的改革与补救，如提高教师的教学能力、改善学生的自主学习以及构建生态平衡化的高校英语课堂教学环境等，实现“互联网+”背景下的高校英语课堂教学有效性。

参考文献

[1]邓琳 ."互联网+"时代背景下大学英语教学改革对策探究[J]. 长治学院学报,2022,39(03):112-115.

[2]冯霞 . 从意义到形式:大学英语阅读教学新策略[J]. 海外英语,2023(10):130-133.

[3]高越 . 跨文化教学目标的认识、实践与反思:一项基于浙江省某大学英语专业的实证研究[D]. 昆明:云南师范大学,2016.

[4]贺婵 . 基于跨文化交际能力培养的大学英语教学策略研究[D]. 西安:西安外国语大学,2021.

[5]霍娜,龙浩 . 英语语法教学中汉语迁移及研究[J]. 海外英语,2017(23):224-225+236.

[6]江海云 ."互联网+"背景下高校英语生态课堂的构建分析[J]. 知识经济,2020(06):123+125.

[7]雷晶 . 大学英语课堂教学效果的影响因素与优化策略研究[J]. 文化创新比较研究,2019,3(32):158-159.

[8]李冰 . 显性与隐性融合的教学模式在大学英语语法教学中的实证研究[D]. 沈阳:沈阳师范大学,2019.

[9]李韶丽 . 大学英语教学评价模式的构想和实践[J]. 英语广场,2023(09):113-116.

[10]李松洋 . 基于微课的情景教学法用于大学英语教学之实践[J]. 数据,2021(09):103-105.

[11]李艳霞 ."'互联网+'教育"背景下应用型大学英语翻转课堂教学评价体系研究[J]. 吉林广播电视大学学报,2020(06):84-85.

[12]刘倩 . 元认知策略在大学英语写作教学中的应用研究[D]. 喀什:喀什大学,2021.

[13]刘甜.范畴化理论在大学英语词汇教学中的应用研究[D].长沙：湖南农业大学,2021.

[14]马琴.大学英语个性化教学研究[D].重庆：西南大学,2017.

[15]年玥,林晓燕,赵冰洋."互联网+"背景下计算机辅助教学在高职英语课堂中的应用[J].中国新通信,2023,25(07):194-196.

[16]彭新竹."互联网+"背景下大学英语教学的有效性研究[J].吉林省教育学院学报,2017,33(06):46-48.

[17]屈茜茜.大学英语新闻听力教学现状及对策研究[D].喀什：喀什大学,2020.

[18]陶薪平.高校英语笔译教学中的跨文化教育策略研究[J].科教导刊,2023(01):70-72.

[19]图亚.大学公共英语课程与教学测评分析[J].南昌教育学院学报,2012,27(01):160+162.

[20]王维雅.任务型教学法在大学英语口语教学中的应用研究[D]重庆：四川外国语大学,2020.

[21]王真真.情境教学模式在大学英语词汇教学中的应用研究[D].西安：西安外国语大学,2017.

[22]吴红敏,刘欢欢.《大学英语教学指南》视角下大学英语教学评价的思考[J].海外英语,2021(13):133-134.

[23]许方元.大学英语有效教学现状调查[D].武汉：湖北大学,2018.

[24]杨桦.大学英语教学目标定位及价值研究[J].才智,2019(24):165.

[25]杨旭.大学英语翻转课堂教学的影响因素研究[D].重庆：重庆大学,2018.

[26]殷风景,李硕豪,张鑫.多中心多维度教学方法框架构建及其应用研究[J].科教文汇(中旬刊),2021(08):59-63.

[27]尹小菲.新时代下跨文化交际在高校英语教学中的有效融合[J].英语广场,2021(15):62-64.

[28]张丽华."互联网+"背景下大学英语多维互动教学模式研究[J].黑河学院学报,2018,9(12):134-135.

[29]张秀珊.基于高校英语教学的学生跨文化意识培养路径研究[J].湖北开放职业学院学报,2022,35(21):175-177.

[30]赵乐芳.教师教学风格对大学英语教学效果的影响[J].山东商业职业技术学院学报,2016,16(06):56-58.